U0462208

王绍培 ◯ 著

书游记

海天出版社（中国·深圳）

图书在版编目（CIP）数据

书游记 / 王绍培著. — 深圳：海天出版社，
2016.10
ISBN 978-7-5507-1714-5

Ⅰ.①书… Ⅱ.①王… Ⅲ.①读书笔记—中国—现代
Ⅳ.①G792

中国版本图书馆CIP数据核字（2016）第181746号

书游记
SHU YOU JI

出品人	聂雄前
责任编辑	梁　萍
责任技编	蔡梅琴
责任校对	张　玫
封面设计	李松璋

出版发行	海天出版社
地　　址	深圳市彩田南路海天综合大厦（518033）
网　　址	www.htph.com.cn
订购电话	0755-83460202（批发）0755-83460239（邮购）
设计制作	深圳市斯迈德设计企划有限公司（0755-83144228）
印　　刷	深圳市新联美术印刷有限公司
开　　本	889mm×1194mm　1/32
印　　张	6.75
字　　数	150千
版　　次	2016年10月第1版
印　　次	2016年10月第1次
定　　价	32.00元

王绍培，湖北武汉人。1982 年秋毕业于武汉大学哲学系。1994 年春移居深圳，先后供职于《街道》杂志、《深圳周刊》、《深圳特区报》等媒体。2009 年秋天发起后院读书会，倡导阅读哲学。曾出版《性感的变奏》《用梦想化妆》等著作。

自序

前些年我在《深圳商报》"文化广场"上用"卜大道"的笔名写专栏，栏名就叫"书游记"。这些走马观花的文字当然不能算是书评，说是旅游导览也多少有些勉强，因为经常也不是面面俱到的。现在有机会把部分文字收罗到一个集子里，大致可以作为一个人的阅读史的一个案例，从中也可以看出一个时期报刊的专栏制度下文化生产的一个侧面。对于我个人，我则把它当作是一个阅读反省的机会：为什么拥有这些书，还写到这些书呢？这其实是一个我自己不曾细想、现在也不大清楚的问题。

目 录  CONTENTS

郭齐勇的《再原儒》

读《熊十力思想研究》，令人感到熊十力的人格对于他的哲学具有这样的意味：如果他不是这样生存着，那么他的哲学就是大可怀疑的——而这也正是一般儒学的一个关键特征。

五四以来，中国绝大多数思想家都环绕救亡图存、发奋图强这么一个中心目标来开展他们的哲思，在这一点上熊十力也不例外。不过，熊十力与许多思想家的一个重大差别在于，当别人旨在追求国家的强盛时，他追求的是精神的强盛。具体地说，有关国家的强盛，人们容易归纳出许多普遍认可的标准，找到实现这些标准的有效手段。这种急功近利的动机，使西学成为那个时代的热门，并依然是今天的显学。熊十力对此显得不以为然。他的不满与叛逆通过种种不同的形式表现出来。比如说，他并不以为当年北大的那些西装革履的教授真有什么学问，他对知识界广泛存在的浅薄与媚俗抱有一种深度的轻蔑。进一步地，在一片几乎可称为"科学崇拜"的氛围中，熊十力强调科学的有限性。粗粗看上去，这似乎是一种中西之争。在当年乃至今天的学术界，往往被简单地定性为中西之争，而且，它似乎不可避免地带有哲学上的民族主义的意味。在另一些时候，人们又把这种思想上的分歧定性为古今之争。但是，这类定性注定要被熊十力彻底思考的精神所超越。熊十力对他的学说及目标具有高度的自觉性。他一生重复得最多的话是："吾学贵在见体。"如果说，海德格尔曾以"存者的被遗忘"这一神秘短语表示他对精神界的忧思，那么，熊十力的"吾学贵在见体"则传达出他的骄傲，而且，似乎是对海德格尔的一种奇特的响应。透过海德格尔，我们较易芟除加诸熊十力身上的那些局限性十足的把握。海德格尔与熊十力都是直面人生问题的，也是直探哲学本原问题的。他们的哲学使命是在本体论的意义上重建主体精神。因此，海德格尔的批判锋芒理所当然地要指向现代的、科技的、日常的、现象的种种，而熊十力由于他所处的国度，所拥有的文化背景，他的锋芒也就指向了西方的——而这一点，实在是只具有附带的、从属的意义。也就是说，当熊十力要"重立大本"、探究"宇宙之基源""人生之根蒂"时，他并非要"立东方之大本"，"探东方人生之根蒂"。作为一个纯粹的哲学家，他的深思是关系到一般人类的。

我们可以认为，熊十力的学说潜伏着一个这样的主题：本体的东西与现象的东西谁主谁从？看上去这与熊十力的诸多"不二"之说相违背，但他显然把本体摆到主导的位置上。我还想，假如我们有机会向熊十力请教一个这样的问题：建基于本体论上的主体精神与事功层面上的现代化大业谁主谁从，他会如何作答呢？他习惯于用传统的"范式"讨论问题，我们可以把上面的问题转换为内圣与外王的关系问题，猜测一下，也许熊十力会把内圣摆到主导的位置上。由内圣而外王，这是一般儒家的思维进路，而这一思想也确乎触及往往会出现、几乎可以说是一种日常状态的"存在危机"与"形上迷失"：有现象无本体，有外王无内圣，有事功无精神，有物无我。在这个意义上，那种认为熊十力的哲学体系是针对"存在危机"与"形上迷失"而营构的看法，确乎是相当有价值的见解。也同样是在这个意义上，海德格尔与熊十力愈来愈具有现代意义。

这样一位伟大的哲学家，其命运却与某些天才艺术家相似。他们生前通常是落寞、潦倒的，死后更要尘封相当时间，但这一切又似乎是为一个隆重的重新发现的节日所做的必要准备。在那些参与发掘、发现的工作中，郭齐勇先生的《熊十力思想研究》凸现了具有思想浮雕意义的熊十力。这本书不仅详尽地再现了熊十力的种种思想，而且遍伏着许多可以发挥出去的学术契机。

"再原儒"是作者的命题。熊十力曾有著作名之为《原儒》。我们不要一概而论地把回护传统视为保守，正如我们不能一概而论地把范式革命视为进步一样。学术命题的意义，往往取决于它们与时代的关系。在一个生活空心化、时间失去历史性的时代，我相信"原儒"及"再原儒"这类面容沧桑的词语表达的是深厚的历史感、对历史的尊重，以及尝试紧紧抓住存在之根的决心。

夏志清的《中国现代小说史》

央视曾有一档"鉴宝"节目，其中一个环节就是请专家估价。专家为某一门类知识的系统研究者，他的判断一般比较权威。

文学史的写作某种程度上就是"鉴宝"。当然，跟文物的鉴定估价比较起来难度是大多了。这是因为有主观性，或者叫"历史的局限性"。文物的知识谱系大致是客观的，文学的知识谱系怎么客观呢？这常常需要先"垫付"大量的时间成本，再慢慢"回购"客观的真实。但这一特性正好是文学令人有兴味的地方，它给"重估"留下了非常宽的余地。

在一个时代，终归有人被高估，同时势必会有人被低估。我们在看见被当世乃至当时的批评家一致叫好，或者一致叫不好的时候，如果能够想象到后世的评论家也许有另一套见解，那对于心灵自由无疑大有补益——有时候便可以在心里略微盘算一下：这个谁，可能是被严重高估了吧。

夏志清的《中国现代小说史》1961 年出了英文版，44 年后才由复旦大学出版社首次推出"中文简体字版"。出版的"时间差"使人油然有一点"重估"的感觉，其实只不过是"他

书游记

估"。1980年后，断断续续地传来这部小说史的只言片语，其中流传得比较广的似乎是关于张爱玲、沈从文以及钱锺书的内容。不知道是不是跟夏志清的"他估"有关系，这几个作家的小说一下子流行起来。顺便说一句，我在1981年元月以7角8分钱买来人民文学出版社的1980年11月版的《围城》——钱锺书在重印前记里提到哥伦比亚的夏志清——很快就在班上向同学推荐几至普及，是个人阅读史上值得记载的一桩事件。

夏志清同时高度评价的还有左翼作家张天翼，我在语文课本上读到过他的《华威先生》，在电视上看过根据他的小说改编的电影《包氏父子》。夏志清说，"他大多数作品，对中层、上层加以讽刺，可是悉能超越宣传的层次，进一步达到讽刺人性卑贱和残忍的嘲弄效果。这种道德上的'视景'，尽管和左联的社会分析相呼应，实际上是作者才华高人一等的明证。"另外，在该小说史的附录部分，夏志清对他在书中没有提萧红大表后悔，因为她的书，"将成为此后世世代代都有人阅读的经典之作"。

文学史的阅读无非要搞清楚谁是好的，它为什么好，根据什么理论说它好，为什么某个时代湮没无闻的作家在另一个时代会大放异彩，还有相反的情况。进一步，我们还能大致揣度什么样的文学史家是比较好的，他大概经得起时间的考验，他依凭的价值体系较具永恒性——因为这一体系洞悉了人性的根本，能够呈现伟大小说的典范和法度。

如此说起来，阅读亦像是帮助我们养成一种能够一眼鉴宝的眼光，使我们能够凭自己的眼光重估价值而已。

薛忆沩的《流动的房间》

薛忆沩的小说跟我们惯常读到的小说很不一样。它几乎没有故事。他的小说人物大部分都是在心理活动中出场的,或者说,小说呈现出来的场景、人物、事件等,是被某一个人意识到的场景、人物、事件,它们都是在意识流（并非严格意义上的意识流）中出现的,而这些场景、人物和事件大致上都是司空见惯的。如果绝大多数小说都写故事,那么薛忆沩的小说写的是意识。一般小说家把"所指"作为书写的对象,而薛忆沩的描写对象则是"能指"。鉴于心理活动在他的小说中占据比较大的比重,我们或者可以把这种小说称为心理小说。

我们不断读到一些人的心理活动:税务员的、冥思苦想者的、会议主持人的、那位最后到会的代表的、年轻的哲学家的、出租车司机的、钟表推销员的……所有这些意识流中呈现的都是一些琐屑的、陈旧的、紊乱的状态以及多少有些恍惚的神情。或者这些状态和心里应该有一个共名,那就是日常生活——薛忆沩更多地描写日常生活,而回避非常生活。这不是一种令人心安理得的日常生活,而是一种被意识到缺乏人生意义乃至生命趣味的日常生活,于是几乎所有人都有某种不安、烦愁、心思。然后，无意义的日常生活不断闪现的过程中，总是会出现一些决定性的事件：在税务员那里，出现的是大病一场；在冥思苦想者那里，出现的是"有人将死"；在会议代表那里，出现的是摩托车驾驶员的老婆之死；在年轻的哲学家那里，出现的是时间或爱的可能性……一堆片断的日常废墟上面，哲学的那些形上命题浮现出来了。事实上，日常生活缺乏的人生意义正是在这些哲学命题的映衬下才被意识到的。

因此，这些小说所描写的是心理转折的过程，是意识的惯性被逆转的情景，是人生意义的"遮蔽"与"去蔽"。这些小说中的人并未发现人生的意义，但发现了日常生活缺乏人生意义——甚至发现自我缺乏自觉意识。这一点在《出租车司机》中表现得非常充分。如果不是一场车祸夺去了出租车司机妻子和女儿的性命，那么他就不会发现自己早就失去了感知日常生活细节的能力。重大事件会洗刷一个人的意识，恢复他的感知能力，并使他开始"决定"自己的生活——这些当然是哲学的话题。

薛忆沩对语句中的哲学意味有浓厚兴趣。我甚至猜测，很有可能是先产生了一些意味深长的语句，为了使这些语句能够被读者看见或者被意识，薛忆沩才"事后"虚构一篇篇小说，安置了这些句子。收在《流动的房间》最后面的这篇小说《通往天堂的最后那一段路程》，简直就是一篇总体性的哲学论文。这篇小说几乎对所有基本命题都发表了见解——比如祖国、历史、生命、艺术、罪孽、革命、财富、名声、自由、记忆、神性、爱情等，那种别具一格的阐释，不断地出现，然后被编织成小说，是一篇智性的文本。

但是，这样的文本到底又不是哲学的。如果是哲学的，那么它势必要求有一种相对明确、坚实、周延的界定。这样的界定可能是乏味的。在能指与所指之间，薛忆沩并不喜欢那种严格的逻辑上的一一对应关系，他显然更喜欢敞开的关系，一种可能的解释，这是诗兴的解释，灵动而不明确，但又是非常可能的。比如说，"'陌生'是他激情的向导，而'祖国'只是一个令人厌倦的情人。"这样的句子当然不是"哲学"，因此它并不诉求"正确"。

跟那些对"故事"感兴趣的小说家不同，薛忆沩对"怎么讲"或者说"怎么写"更感兴趣。认识到文本的价值高于故事，这是一个小说家成熟的标志，而这显然对任何小说家来说，又是最困难的。薛忆沩有强烈的文本的自觉，文本是他的情人，而故事甚至意义都未必是。我猜测最令他神魂颠倒的是那些语句的出现以及对于这些语句的接纳。他对词语、句子有特殊的敏感。他写作的过程，大概是一个沉醉于编织语句的智力游戏的过程。比如这样的语言：

冬天的公园像天堂的遗址，只有一些性格孤僻的人在里面走动。当这位现在还没有到会的代表捡起这只剃须刀的时候，他把它当成是在孤独的人们之间传递的火把。可是他没有把它再传递下去，传递给另一位孤独的人了。(《那位最后到会的代表》)

书游记

又比如：

欲望如同一次旅行。当我们回到出发点的时候，我们对世界的宽度又有新的认识。（《我们最终的选择》）

再比如：

在我们的关系中，语言不仅仅是一种权利，也是一种放弃，对于权利的放弃。我的信是用英文写的。当我选择语言的时候，我觉得我是为我自己的欲望选择了一种适合他膨胀的环境，尽管我同时不得不放弃流利的权利。（《流动的房间》）

这些亦诗意亦哲理的句子正是薛忆沩小说的重要看点。其中"孤独的火把"是一个非常耐人寻味的意象，它大概可以用来比喻薛忆沩的小说。他那些充满了怀疑、不安和老是要从根本处探询意义的人物其实是一个人，这就是一个试图从日常的习惯势力中打捞自己的人，是一个竭尽全力想超越时代约束的人。他重建自我以及超越时代的方式就是不断地反诘，这些反诘并没有带来答案，但反诘本身或许就是答案。当下的文化已经急剧地快餐化了，还有多少人愿意用积年累月的思考探询什么人生意义呢？还有多少人在乎自己的一生是不是在复制别人呢？因此，薛忆沩这样的小说大概确实就是孤独的火把，注定只能在孤独的人之间传递着、传递下去。

木心的魅力

　　文坛常常会在发现所谓新人之时，也发现旧人、老人、故人，甚至熟人。许多年前，韩少功旅欧时发现欧洲人对葡萄牙诗人佩索阿的重探。在中国，则有过文人像文物一样被"出土"的过程，每一次出土与其说是一个文学发现事件，不如说是一次偶然事件。客观地说，我们少有佩索阿似的被发现，这大概不是由于时代没有遗珠之恨，而是我们少有超越时代的作家。中外文学发现史的不同面相大可以作为一个比较文学的课题而进行专门研究。

　　木心也是一个被发现者。尽管多年前上海的文学杂志上曾经刊布过木心的文字，但并没有引起注意。我们看不见意识，也没有准备想看见的人或者物，这一心理学的定律显然也适用于文学。画家陈丹青跑到美国去，为人们准备看见的意识。然后，上海作家陈村主持的网络文学园地"小众菜园"上，陈村以及别的一些人一道告诉人们："我们看见了。"随着《哥伦比亚的倒影》简体字版的出现，木心追求的"无名度"开始具有了"知名度"。

　　但我们现在看见的木心，其实是他们看见的木心。这个

"他们"指那些有机会阅读过木心的人。他们把木心的部分文字贴到网上，并对这些文字给予了非常高的评价。当一个人有机会先于众人知道一件事情，他的渲染和夸大其辞几乎是难以避免的——我这样说，不是试图贬低这些爱好木心文字的人，而是提醒自己，如果打算了解木心，恰当地进入部位不应该是一片叫好的喊声，而是文本本身。

在能够被读到的有限的文本里，有几篇是小说，如《芳芳》《夏明珠》《月亮出来了》《一车十八人》等，它们是有意思的故事，但大约谈不上是好的小说，文字亦仅仅局限于讲述故事，缺少想象的余地，甚至语言风格上也只能说是干净，而未见有什么特色。假如木心的小说无非如此而已，那他大抵上是一个高段位的文学爱好者，而不能算是一个艺术家。

木心还有诗集。但我们现在读到的诗则主要是俳句。这是木心比较有意思的部分。他的俳句有中国古典的情趣，比如，"水边新簇小芦苇青蛙刚开始叫那种早晨""雨还在下全是杨柳""风夜人已咳不动咳嗽还要咳""北方的铁路横过浓黑的小镇就只酒店里有灯光""厨房寂寂一个女人若有所思地剥着豆子"——这些显然就是俳句，因为它们具有俳句所必要的纤细与敏感。但这些俳句仍然没有独造性，诗歌史或许并不需要用特别的浓墨重彩加以介绍。

散文是他最好的部分。上海的文人推崇他的《上海赋》，原因之一是写活了上海。但之所以说木心的散文是最好的部分，多半是文字上的讲究，比如他这样写旗袍："法国诗人克劳台在中国住过很长一段时日，诗中描写'中国女袍'，深表永以为好之感。可惜西方任何种族的女人都与旗袍不宜，东方也只有中国女人中的少数，颀长、纤秾合度，脸椭圆，方才与旗袍恰然相配。旗袍并非在于曲线毕露，倒是简化了胴体的繁缛起伏，贴身而不贴肉，无遗而大有遗，如此才能坐下来淹然百媚，走动时微飔相随，站住了亭亭玉立，好处正在于纯净、婉约、刊落庸琐。以蓝布、阴丹士林布做旗袍最有逸致。清灵朴茂，表里如一，家居劬劳务实，出客神情散朗，这种幽雅贤惠干练的中国女性风格，恰恰是与旗袍的没落而同步消失。蓝布旗袍的天然的母亲感、姊妹感，是当年洋场尘焰中唯一的慈凉襟怀——近恶的浮华终于过去了，近善的粹华也过去了。"这一段文字里出现的词组对于我们来说，非常罕见，似乎是一种不属于又高于我们的汉字。

　　木心写下了大量的长短句。这些长短句最能见出木心的特色。长短句是一种智者的文体，帕斯卡尔的《思想录》、维特根斯坦的《文化与价值》都是长短句。用几十或者几百个字说清楚一个意思，要言不烦，而言近旨远。例如，"庄周悲伤得受不了，踉跄去见李聃，李聃哽咽道：亲爱的，我之悲伤更甚于尔""论悲恸中之坚强，何止在汉朝，在中国，在全世界从古到今恐怕也该首推司马迁""《源氏物语》的笔调，滋润柔媚得似乎可以不要故事也写得下去——没有故事，紫式部搁笔了""希腊神话是一大笔美丽得发昏的糊涂账，这样糊涂这样发昏才这样美丽""有些人爱艺术品，有些人爱艺术""燕京西山静悄悄，曹雪芹食粥，著书。压根儿没见面有得色的好事家赶到黄叶村去问什么近若干年会不会出伟大的文学天才"……在许多长短句里，我们见识到木心的才情和风度，较别的文字更甚。

陈丹青和陈村、何立伟等人都把木心推举到一个前所未有的高度，大有现代文学仅此一人的意味。尽管我未必同意他们的评价，但能够理解为什么会有这样的评价。我承认木心有一种特殊的魅力，这首先是他所特有的陌生感。不陌生的文学，价值减半。列宁所谓的"习惯势力"，最强大的表现或就在语言上。木心1982年去国，进入另一个环境中，这是陌生化可能成型的条件。而木心在气质上向往遗世独立，于是正好在这个人身上能发生陌生化的演变。木心大概并不仅仅对"文艺腔"不以为然，他对一切带"腔"的表达方式都不以为然。惟陈言之务去多么难啊，而木心工作的第一位似乎即在于此，而这又不完全是在语言上推陈出新，更在见解上不落俗套。

旁观的姿态是木心的又一个魅力所在。他在一个远离汉语大本营的异域写作，无须对任何事情及时表态，亦不会有任何意志左右他的发言。他不属于任何一个利益团体，不必为某一个利益团体说话或者刻意不说什么话。而所谓主流或者流行的价值和意识对他也不再具有约束性的力量，因为他是一个旁观者——也就是说甚至不是观众，在很多时候，观众也是他观察的对象。这一旁观者的身份，使他能够直接抵达事物的本质，省略也藐视了一切名目和形式的虚张声势。

绝对十心的气度。他们从佛见过了，什么都体会过了。他不必拜倒在任何一个人的脚下，不必看着别人的眼神说话。他说自己的话。没有什么了不得、不能碰的大师，一切大师都平起平坐，这种绝对主人的气度不是因为盲目，而是智力上的高度自信，一切都那么清楚、分明。他心理上没有什么高过自己的神明和圣贤，因此他的话说出来是那么稳定、坚实、从容。他能够自在优游于内心，呈现出人格的强大。

而木心以他一人之力，以文学为方式，接上了汉语写作的另一些美学源头，并清理了淤塞的河床，使我们所有习惯的文化或者时代的堤坝变得不那么重要，甚至可以被清澈的水流淹没，这是非常有意味的。

梁漱溟的世界

1918年11月14日本来是梁漱溟父亲梁济60寿辰，但是老父亲决定在这之前自杀。行前，他问梁漱溟："这个世界会好吗？"梁漱溟说："我相信世界是一天一天往好里去的。"梁父说："能好就好啊。"过了几天就传来梁济辞世的消息。(参见《最后的儒家》一书)

"这个世界会好吗？"这是梁济最后的疑问。现在，这个意味深长的短语被拿来做了一本书的书名，这就是艾恺跟梁漱溟1980年8月间做的一个长谈——梁漱溟晚年口述。

在做这个访谈之前，艾恺已经写过《最后的儒家——梁漱溟与中国现代化的两难》，他尤其对中国的文化守成主义或者叫文化保守主义有专门研究。他选择梁漱溟作为访谈的对象，当然也是由于梁漱溟是文化守成主义的一个代表性人物。

这是一个面面俱到的访谈。当中包括了日常起居、业余喜好等可能无关宏旨的琐碎话题，也有相当多的篇幅谈及身世和见闻。梁漱溟确实算得上是一个世纪性的见证者，他跟20世纪的诸多名流、学人、领袖等都有来往，包括跟他同样生于1893年的毛泽东。他曾经是毛泽东课堂上的讲师，后来又是毛泽东的座上宾。而众所周知的是，1953 年 9 月，毛泽东骂梁漱溟"比西施还美"，正是这个雷霆之骂意外地给梁漱溟带来了世俗的名声，否则他很可能像熊十力等人一样，知名度局限在一个越来越小的学术圈子里。

梁漱溟名望的另一部分来自蔡元培。据说梁漱溟曾经希望考入北大做学生却未果，但这并不妨碍蔡元培后来聘请他来北大当教师。在北大，梁漱溟讲述《东西文化及其哲学》，由此奠定了他的哲学家地位。但是，梁漱溟对自己的这一哲学家的身份一向并不大看重。

晚年的梁漱溟最为看重的著作是《人心与人生》。梁漱溟说："我写的书，特别是最大的一本书、最重要的一本书叫做《人心与人生》。"在跟艾恺对话的时候，梁漱溟充分意识到他是以一个思想家的身份来对话的，因此他必须多谈思想，但是，到底什么是梁漱溟的思想则仍然不甚清晰。他花了很多时间向艾恺这个高鼻深目的美国人介绍什么是佛学，什么是儒家。他自然知道艾恺称他为"最后的儒家"，因此梁漱溟一再强调自己是一个虔诚的佛教徒。或者说，在思想上，是佛家；在生活上，则是儒家。

显而易见的是，梁漱溟的禀赋更适合去做一个传布者而不是学者，他热衷于成为一个信仰者和实践者。他并不在乎有什么新的学说或者创见可以归在自己的名下，这是一种典型的儒家的态度，典型的儒者满足于"述而不作"，他们把"为往圣继绝学"视为人生的重要使命之一。

因此，在问及最佩服的中国人时，梁漱溟提到一个叫伍庸伯的，这是一个军人，这个人想睡就能睡着，想醒就能醒来。"他是真正能够在他的生命上自主自如。这个学问不是书本上的学问，不是随便讲一讲、说一说的学问，这就是孔子的生活之学。"所谓"生活之学"，不是"我知"，而是"我能"。

同样，梁漱溟最想追随的古代思想家是王阳明。他认为王阳明做到了"明心见性"，就是说进入"彻悟"的境界，"他的这个生命已经远远高过我们"。梁漱溟推崇王阳明是圣人。这个圣人不是学出来的，不是知识论意义上的，是生命本身已经具有的一种功夫，一种能力。梁漱溟推崇的是这个，他大略地说到了"戒、定、慧"，说到通过"习静"的练习可以抵达彻悟的境地。

因为更重视"践履"的缘故，梁漱溟没有待在静谧的书斋里。乡村建设是梁漱溟的另一大课题，是他的社会试验，他希望通过乡村建设能够把儒家复兴跟现代化结合起来。艾恺对梁漱溟的乡村构想有很高的评价。

虽然他热衷社会实践，但梁漱溟当然不是一个政治家。即使他阅人无数，我仍然感到他对政治的见解并没有超过普通老百姓的水准，他的议论是随大流的，也就是说他的观点有许多是被塑造出来的。儒学人物的现实感一般都比较单薄，他们过分沉浸在自己的理想王国里，对现实的认识常常是不准确的，这在梁漱溟的身上也能看出来。

他的强项说到底还是在守成的方面，对政治的不了解倒是帮助了他，使他不会像别的哲学家或者学者那样容易曲学阿世。1974年"批林批孔"时，只有梁漱溟坚持保留自己的意见，他遭到围攻。当别人问他，你对大家的批判有什么感想和意见时，他引用了《论语》里面的话，"三军可夺帅也，匹夫不可夺志"。

当然，在重压之下呈现儒者的风骨并非梁漱溟作为文化守成主义者的唯一姿态。梁漱溟相信，"在世界未来，将是中国文化的复兴，所以我刚好不悲观"。梁漱溟一再回答了他父亲的疑问，这个世界会好起来。

然而，有关未来世界属于中国文化的断言与其说是一个可以证明的命题，不如说是梁漱溟这一流人物的信仰。即使如此，梁漱溟还是尽量给出了一些说明。他认为西方文化主要是针对人与物的关系的，西方文化确实优胜。中国文化主要是探讨人对人的关系的，这就是我们的长项了。我们讲究"礼让"，讲究"孝悌慈和"，而将来社会的主要问题就是人与人相处的问题，所以中国文化就有机会复兴了。

正是在这样的表白里，我必须指出来，梁漱溟对历史的隔膜和对现实的隔膜，都是非常惊人的。

王小波的文字

我最早见到王小波的文字，是在一些不大为人所知的杂志里，如《中国青年研究》之类。20世纪的90年代初期，王小波的小说多半还在电脑里。大概有些做媒体的朋友约他写稿，他于是就写稿。后来他开始在《读书》《三联生活周刊》《南方周末》上写文章，杂文的名气慢慢就出来了。

他的长篇小说《黄金时代》是贺承军借给我的，似乎是北京出版社出的单行本。这个现在不容易找到的版本还被深圳著名收藏家胡洪侠所收藏。贺承军当年在清华读书，跟张卫民、黎宛冰等人熟悉。我后来去北京时，听张卫民讲王小波，他们有时在一起吃饭、聊天。如果我早一点去北京，或许有机会参加他们的聚会。

当然，对于读者来说，文字是王小波最好的部分。90年代初期，《读书》杂志还会不时刊登王小波的文章——及至没有这样的文章了，《读书》的声望也就江河日下——我愿意这样解释《读书》为什么后来不那么受欢迎。没有王小波的汉语世界，慢慢也变得无聊起来，这里面是否也存在着某种因果关系，确乎是一件不容易定义的事。

在中文写手里，文字好的不乏其人。我或许没有必要说王小波是最好的，但有一点可以肯定的是，王小波是最不容易模仿的。有李敖式的文字、董桥式的文字、阿城式的文字、余秋雨式的文字，但几乎没有王小波式的文字。王小波不易模仿的原因之一，我想大概是，一般人说理的能力跟编故事的能力不大可能同时都强，这似乎是风马牛不相及的两套笔墨，而王小波却都能行，他本质上是一个寓言家，只不过他要表达的意思不是一篇寓言能够承载的。他的中国式的黑色幽默——一种大智若愚的、顽童般兴味十足的、尖锐而逻辑的恶搞——是他全部文字最显著的特征，尤其见之于他的小说。他的小说的成就恐怕还是超过了他的杂文，也超出了这个时代的鉴赏能力，因此，如果说他是当代中国最好的小说家，我们不应该期待大家会认同这个观点。

事实上，在中国，超一流的作者不大可能产生跟他的才华相称的影响，而二三流的作家最容易走红。较差的作家与较差的读者，他们彼此是相互塑造、并日渐其差的。王小波的影响甚至没有人们想象的那么大，不少人都说他的杂文怎么怎么好，但都是说说而已——甚至常常是听说而已。在这方面，我们与其要替王小波感到可悲，不如承认这样的事实：个人智慧跟群体智慧到底是两回事，一个人早就解决、超越的问题，换一个时空，又会有一群人在纠缠、玩味。很多老有想法呈现出来的舞文弄墨之徒，我疑心他们大概秉持这样的混世哲学：即使是蠢话，但那毕竟是自己的呀。

王小波的许多写作旨趣里，反对愚蠢是一大宗。他说："在我们这个国家里，傻有时能成为一种威慑。"他还说，他反对的主要是装傻。与之相应，王小波崇尚理智，"理智……它是一切知识分子的生命线"。他反对知识分子搞什么让老百姓信仰的东西，那样的话，"会自己屙屎自己吃"。他认为主张搞"国学"的人是在思想领域巧取豪夺的不良分子，"顶着这个国字，谁还敢有不同意见？"他对花剌模与花剌子模派信使互动的探讨意味深长。他认为评判文化艺术时，不应该依据现世的利害得失，而应该问对不对、美不美。他认为智慧是为了生产和发现现在没有的东西，因此智慧不应该限定在某一个小圈子里，比如似乎不懂得国学就没有智慧。他反对在讨论问题时动辄评判别人的道德，把一切话题都简化为道德话题。他指出滥用文化相对主义，就可能维护把人当作"行货"的文化，以为这也是文化之一种。他认为国学不过就是人际关系，是一块嚼了两个小时的口香糖，不值得花几千年的时间专门搞它。他认为打算用"中华文化"拯救世界的人，不过是为了满足自己的救世情结，是手淫中华文化，意淫全世界。他提醒大家警惕少数人利用狭隘的民族主义进行蛊惑宣传。他说："对于一个知识分子来说，成为思维的精英，比成为道德的精英更为重要。"他指出文明的发展就是个反熵过程，如果"大家都顺着一个自然的方向往下溜，最后准会在个低洼的地方会齐，挤在一起像缸里的蛆"……

在这篇幅有限的文章里，我应该说几句归总的话：首先，王小波是一个大器的人，他关心的都是大问题，没有兴趣谈风花雪月或者卖弄自己的小趣味、小专业、小得意，关心的大问题本质上属于哲学；其次，他爱人民，尤其爱中国人民，很诚实的一点是，发现中国人民活得并不那么幸福或者说其实可以更加幸福，因此他孜孜不倦地追问是什么妨碍了中国人民的幸福；第三，他是一个理性主义者，相信是理性改善了人类的处境，因此理性当然也可以大大改善中国人民的处境，即使理性不能立即导致这样的改变，思索本身也具有无上乐处；第四，他崇尚自由……这个归总的话还可以接着说下去的一句是：王小波是一个真正意义上的知识分子——他绝对不会依据利益得失来说话。

但是，新世纪的语境已有些变了。那种唯真与美是求的情怀似乎已经是上一世纪的一种古典主义的价值取向。现在最被关心的是利益和娱乐……王小波即使被人记得，也无非作为一种偶然的、缥缈的谈资吧？但是，他以思想形态存在的生命绝对不会被一时一地的语境所影响，就像雾的变幻不能影响山的存在一样。

昆德拉发现的遗忘

大概是罗素说过，尼采是一个生错了地方的艺术家。那么，昆德拉是不是一个生错地方的哲学家呢？昆德拉热衷讨论哲学命题，其中之一就是"存在的被遗忘"。我个人认为，他对遗忘这回事的兴趣似乎更浓厚一些。

《笑忘录》这部小说的主旨之一是遗忘。昆德拉发现，历史正从人们的记忆中消失——因为历史的节奏越来越快，历史的事件越来越多，当然也因为历史的记忆总是被某些人刻意抹掉。于是，在本书第一章《失落的信》里，主人公米雷克就指出，人与权势的斗争就是记忆与遗忘的斗争。

米雷克在他年轻的时候记录了一些历史。他把自己的记录写在情书里，寄给自己的情人兹德娜。故事开始的时候，米雷克正准备收回自己的那些信。小说如果就这样演绎下去当然是很乏味的。昆德拉是一个洞悉人性幽暗部分的小说家，因此，他把记忆与遗忘斗争的战场，放到米雷克身上了。

米雷克年轻的时候爱过兹德娜。这使他很难堪，最重要的原因不是他们彼此之间有什么意见上的不合，而是这个情人有一个令人难堪的大鼻子，这非常影响他跟后来漂亮情人之间的关系——"因为生活中有这样一个大秘密，而他不是不知道：女人要找的不是漂亮男人。女人要找的是有过漂亮女人的男人。"

继续追问下去，还有更深一层的原因。米雷克"之所以跟一个丑姑娘上床，是因为他不敢接近漂亮女人"。"性格的懦弱，自信的缺乏，这才是他要掩盖的实情。"

米雷克索回自己信件的努力没有成功。兹德娜跟米雷克有不一样的价值观，她相信忠诚的价值高于一切，因此她必须保留那些信件。或许还有一个更为隐蔽的理由，那就是，兹德娜想保留探究的权利，看看过去的那个人怎么会变成现在这个样子。

《失落的信》写的就是一对旧情人为了历史的记忆与遗忘而展开的斗争。昆德拉从这里生发出他的议论，他说："米雷克重写历史，像所有民族，像所有人类一样，大家都重写历史。"他又说："未来只是一个谁都不感兴趣的无关紧要的虚空。过去才是生机盎然的，它的面孔让人愤怒、惹人恼火、给人伤害，以致我们要毁掉它或重新描绘它。人们只是为了能够改变过去，才要成为未来的主人。"

我们或许可以不同意昆德拉的这些议论，但却不得不承认，他的议论确实极为深刻。

维特根斯坦的笔记

判断一个人是不是经典作家的一个简易办法是，计算一下他写作的文字量与研究他的文字量之比。数值越小，越是经典作家。像老子才写了五千言，而研究他的书汗牛充栋。很多中国当代学人，著作已经等身，但几乎无人论及。

维特根斯坦可能更是一个经典作家，他占了写得少的便宜。他的《逻辑哲学论》是一本薄书，《哲学研究》也篇幅不大。《维特根斯坦全集》也不过十几卷就打住。他写得少是因为……他不大可能写得多。

写不多的原因是，他无法容忍自己的陈词滥调，热衷于用最俭省的语言传达尽可能多的意思。因此，格言就成为他得心应手的写作形式。《逻辑哲学论》里面最知名的话是："凡是能够说的事情，都能够说清楚；而凡是不能说的情况，就应该沉默。"他这样突如其来地结束一本书，总是具有某种神秘启示的意味。

帕斯卡尔也用格言的形式完成了他的传世之作。钱锺书的《管锥编》也是用笔记式、片言式、格言式的方式写成的。具有第一流才具的智者不可能让自己的生命浪费在"第一、第

二、第三……"之类格式化的论文体写作当中。他们经常省略论证的过程和中间环节，假定这些都是不言自明的。

《文化与价值》是我不时会翻一下的书。这是维特根斯坦的另一本小册子。这本书是从他的笔记本里面辑录出来的只言片语。从 1914 年开始到 1951 年维特根斯坦死时结束的 37 年里，维特根斯坦写得极为节制。

这些文字是他随手涂抹在笔记本里面的，有些恐怕也卑之无甚高论。正如他自己所说："如果人们在有些时候不做蠢事，那就没有任何明智之事做出。"看着人类杰出的大脑也会写下诸如"贪图功名是思想的死亡""一个人的梦想事实上决不会实现""莱伯的作品是很晚的麻烦"之类的句子，会感到明显的释然。

但其中大量的是吉光片羽。我喜欢他那种中国人一般不习惯的表述方式。比如，"当然，接吻也是仪式，而且它不会腐朽。不过，只有真诚的接吻之类的仪式才是被允许的"。又比如，"幽默不是一种心情，而是一种观察世界的方式"。再比如，"不完善的东西留下的将是不完善"。

这些只言片语常常使读到它们的人陷于思索，因为意犹未尽。写得少的人也因此表达得更多。

阿加辛斯基的《时间的摆渡者》

我们大概早就进入所谓"读图时代"了。广州有个文人认为是他发明了这个词组。不过对于读图现象的命名其实来得更早一些，在杭之的《一苇集》里（读书·生活·新知三联书店出版，1991 年），他就谈到过台湾"图片族"流行的现象。受日本文化影响，台湾的青少年热衷读图，杭之曾对此表达了他的忧虑。

当然，一种文化趋势不会因为杭之们的忧虑而逆转。事实上，越来越多的青少年成为"图片族"的一员。甚至成人读者也开始发现，没有图片的书，味道有点寡淡。正在逐渐掌握媒体话语权的新新人类要把 20 世纪 80 年代的所谓"精英文化"扫进历史的垃圾桶，而读图时代似乎已经确凿无疑地成立了。

但流行可以是一种权力，未必是一种真理。杭之们有理由继续忧虑，即使是处在垃圾桶里面。对于真理来说，垃圾桶不一定不是一个合适的去处，或者说是家园。

阿加辛斯基的《时间的摆渡者》（中信出版社出版，2003 年）是一本薄书，但它的主题是时间。它不是针对"图片族"流行现象的，不过它也大量地谈及图像。

一般人习惯性认为，图像使人想起过去。阿加辛斯基的说法适相其反，"照片可以阻挡回忆"。"对于一个人的记忆，是对现在一个姿态、一个步伐的模糊的印象：是对一种风格的记忆，而不是对一个图像的记忆。……记忆也几乎不依靠于图像。"

跟"图像"相比，阿加辛斯基更看重"痕迹"，尽管痕迹不提供"相似"。"女人的香水是一个痕迹，它留住了女人曾经出席的某种证明，但却与她没有丝毫相似之处。""痕迹或印记，处在与一个事物或一个人的物理毗连关系中，因此它才成为特别的'崇拜'或夸张的对象。印记感动着我们，因为印记本身也被触及，它向我们讲述着在场和不在场——同样讲述丧失的联系和联系的丧失。"

图像是一种人工制造出来的幽灵。我们的世界充满着死去的与活着的人的面孔。这是一种新的"泛灵论"时代。我们给后代制造了一支庞大的幽灵大军。而"图像并不为回忆服务，而是在取代回忆"。在图像面前，我们终于什么都无法想起。

阿加辛斯基对于图像的警惕，很可能是我们根本没有想到过的事情。在速成的摄影家满天飞的环境中，我们对于图像以及图像的制造者，或许应该保留起码的怀疑。

顺便八卦一句，西尔维娅·阿加辛斯基曾经是哲学家德里达的情人，现在是法国前总理若斯潘的妻子。不过属于她自己的身份是：一个哲学家，以及法国女权运动的领袖。

波普尔论图书馆

哲学家波普尔把书籍与图书馆作为西方文明中最独特、最重要的事物，这是意味深长的。现代意义上的图书馆跟我们传统的藏书楼当然是两回事。仅仅比较一下这两种图书馆的差异，大概就能概略地窥见知识为什么会走上爆炸之路，而且这一事件主要跟西方文明大有关系。

即使在公共图书馆已经成为整个社会生活必要组成部分的今天，我们有时还是会感叹西方社会的图书馆文化。他们有那么多、那么方便的图书馆；他们真正做到了开卷有益；他们的政治家或者社会名流会用建造图书馆的方式，为自己赢得长久的名望；用知识惠及尽可能多的人的这一观念，仍然值得我们感佩……

在深圳，老的图书馆曾经是那么漂亮的建筑，并事实上成为城市的地标。新的图书馆虽然暂时还没见到，但它应该是更加壮观的建筑，足以匹配知识殿堂的美誉。最值得称道的新图书馆的原则：开放、平等、免费，向一切人开放，以及开放一切文献，所有人都平等受到同等热情的接待，阅读行为完全免费——这一办馆原则无疑是跟国际接了轨的，不管怎么说，至少把图书馆办成一个知识的乌托邦或者桃花源不仅是必要的，更是完全可能的。这使新的图书馆令人怀有美好的期待。

有无数读者曾经在老图书馆度过生命中的某些美好时光——尤其是早期的老图书馆，她还没有那么多"办班"大军进驻，没有那么多花花绿绿的广告，没有那么多的商业味道和看起来很忙乱的样子，早期的老图书馆为读者提供的那种静谧和安详，那种超尘脱俗的书香氛围，确实让人怀念。

但愿新的图书馆它是安静的，但愿它少一些甚至完全没有"创收"之类的冲动，对于一个城市的文化来说，不要让一切地方都有市场的影子，这大概非常重要，而图书馆有必要第一个成为这样的地方。何况它是这么一座公益性的公共图书馆呢。

作为读者，其实我们非常需要一些小的、实用的、方便的图书馆，这看起来是一个很低的要求，其实并不简单，几乎是一种过分的要求了，但提出这样的要求不也是很合乎情理吗？否则为什么叫"图书馆之城"呢，即使不是一步之内就有图书馆，几十步之内应该有吧？

当然，在"依托邦"时代，以实在的图书馆为依托建立更多的虚拟图书馆，大有必要。我们有必要把图书馆资源电子化，并免费地提供给所有有需要的公众。我们有必要开发一些软件，可以让在家阅读的人仍然有一种在图书馆跟大家一起阅读的感觉；可以成立网络的阅读社区，使很多阅读爱好者找到自己的朋友……在"依托邦"时代，创新我们的阅读模式，其价值应该不在建造了一座宏伟的图书馆之下吧？

本雅明的童年柏林

柏林因举办了最新一届足球世界杯赛而被万众瞩目。世界杯业已成为人们认知一个城市的重要形式。假如你要认识100年前后的柏林，足球就无济于事了。也许人们会想到图像，但最好的途径仍然是、也只能是——文字。这其中值得我们关注的是德国最伟大的思想家之一本雅明的一本薄书，这就是《1900年前后的柏林童年》（上海文艺出版社出版，2003年）。

1932年，四十初度的本雅明明白他将会跟他出生的那个城市作长久的、甚至永久的告别。其实他明白即将到来的不止是跟一个城市告别。他在一种无法释怀的告别氛围里走完生命中的最后8年。那是一段充满了感伤的"最后之旅"。本雅明常常有意从心中唤起"那些在流亡岁月中最激起他思乡之痛的童年的画面"。从1932年到1938年，在这个准备诀别和等待诀别的过程里，是童年造就了他的返乡之路——告别其实就是无尽地返乡——他用对生的留念，凝聚强烈的死之决心。

在普通读者的心目中，本雅明是理性的、冷静的。是的，即使在这本薄书当中，他仍然没有忘记自己的使命，那就是为属于自己的童年画面找到一种"特有表达形式"，就像那些属于别人的田园风情的童年已经获得了自己的表达形式一样。因此，他要书写的并非一般意义上的回忆录，而是一种文体的试验，通过这一尝试来"把握住那些包含着市民阶级子弟在大都市所获得的经验的画面"。

尽管如此，"童年"与"告别"的双重意念仍然为本雅明的书写带来了无法回避的感性光辉，一种忧伤、隐忍的调子，成为他笔下人与物出现时的"背景音乐"。当他的"灵魂之眼"重新光临往日柏林，童年时光就没有流逝，并且无法流逝……

他写到诸如"内阳台""西洋景""电话机""捉蝴蝶"等童年司空见惯的事物和活动。重要的当然不在于他写了什么，而在于他是怎么写的。让我们用最俭省的方式一瞥本雅明的写作风格。比如《内阳台》这一篇，他先是把"内阳台"比喻为"摇篮"，后面又把它比喻为"墓穴"。他要强调的是内阳台带给人们的陶醉、融洽与和谐，这其实传达的仍然是对生活的依恋。本雅明对一切眼见的事物感到另外的深意，这既属于童年的经验，又超越了这些经验。而这样的文字是无法让我们忘怀的：

"在这些通向屋后庭院的幽室中，时间变得苍老。正是如此，中午以前的时光在阳台上久久不肯离去，每当我在阳台上与它邂逅，它总是比在其他任何地方都显得悠然自得。我从未能够在这里等候它的到来，而它却总是已经在等待着我。当我终于在阳台上寻见它时，它在那里已经多时了，而且仿佛已经'过时'。"

艾略特的《四个四重奏》

托·艾略特是我喜欢的诗人，或者是最喜欢的诗人，只有他的诗我会不时地拿出来读一下。现在读诗的人已经少了。

我手边有一本《四个四重奏》（漓江出版社出版，1985年），裘小龙翻译的。似乎看到过一则八卦，裘小龙移居美国后写侦探小说，成绩不错。侦探小说跟译艾略特差得真远。

《四个四重奏》里面收录艾略特主要也最重要的作品。诸如《情歌》《小老头》《荒原》《空心人》，当然少不了《四个四重奏》。这些诗歌大概都已经进入人类文化不朽的殿堂，像中国的唐诗、宋词一样将永远地流传下去了吧。

艾略特跟中国诗人的差异尤其大，这或许是我热爱他的一个重要原因。差别之一表现在艾略特诗歌的戏剧性上。中国人的诗讲究意境，注重空间描写；艾略特的诗讲究过程，注重时间描写。中国人的诗强调在空间里包容意味；艾略特的诗偏好用时间展示意义。

比如《情歌》写的是去一个晚会前的一段状态，在暮色中穿过街道，想象着那些女人的日常生活、她们说的话，借以展示这个叫普鲁弗洛克的男人的内心世界：敏感内省，优柔寡断，渴望爱情又害怕爱情。

艾略特的另一个差别是，他偏重描写意义而非情调。即使如《波士顿晚报》这样的小诗，他也会先来上一句："《波士顿晚报》的读者们／像一片成熟了的玉米地在风中摇晃。"更不用说《空心人》："我们是空心人／我们是稻草人／互相依靠／头脑塞满了稻草。唉！"这些都不是玩味情调而是揭示意义了。在这方面，最有影响力的是《荒原》，荒原就指意义已经流失的世界。

艾略特的另一个差别是他的哲思。中国诗人也有思想、见解、观点等，但一般很难进入哲思的程度。哲思必须宏观、深入、系统、精湛。在这方面，《四个四重奏》是典范。作品塑造了一个"求道者"的形象，这是一个在一切历史和一切时间中求索的形象，这是一个具有强烈激情和巨大能量的思想者的形象，这在当代的诗史中不多见。

读诗的越少，运思的人越寂寞。孔子说，不学诗无以言。在不学诗的流行氛围里，难道真有什么人可以说出真正有意味的话吗？但是，这不妨碍人们动辄来一句："诗意的栖居……"这似乎是最后的诗意了。

张岱的"梦忆"与"梦寻"

薛君有时会在电话里跟我感慨我们少年时读过的书已经不容易找到了。我们的少年时代一个最明显的特征或许就是：几乎没有书。1966 年到 1976 年是特殊的"十年"。至少在最近的 100 年里，没有一个"十年"跟这个"十年"相似，这也使我们对这个"十年"的感情变得复杂，一两句话是无法交代清楚的。

我的"最老的"几本书已经来自 1980 年代了。1983 年 3 月我买到了张岱的《西湖梦忆·西湖梦寻》。上海古籍出版社，1982 年 11 月出版，定价才 6 毛 5 分。这样一本书居然也印了 25800 册。我应该先是在《读书》杂志上读到过黄裳对张岱其人其文的介绍，否则我怎么可能知道他呢。我还记得黄裳称张宗子为"绝代的散文家"。至于他是怎么论证的则已经忘记了。

已经很久没有翻阅过这本既老且旧的书。那么多的新书纷至沓来，阅读成为一件难事。往往会这样，既然选择哪一本书来阅读有如此之困惑，不如干脆一本也不选择，好像对任何一本书的着重阅读，都不免是对所有其他书的轻慢……好在这样古怪的心理并不能长久。

读张岱的人不可能不留意《湖心亭看雪》中这样的文字：

"雾凇沆砀，天与云与山与水，上下一白。湖上影子，惟长堤一痕，湖心亭一点，与余舟一芥，舟中人两三粒而已。"确乎是腕力惊人的白描能力，但对于一个在水墨画中浸润出来的文人，可能是并不难达到的境界。

倒是《柳敬亭说书》中这样的文字有味道："柳麻子貌奇丑，然其口角波俏，眼目流利，衣服恬静，直与王月生同其婉娈，故其行情正等。"这里的"波俏""流利""恬静""婉娈"等无一不是最为妥帖的形容词，而它们是接着前面定性的"奇丑"二字铺排开来的。这才是张宗子厉害之处。

前面说的"王月生"，张岱有专文写她。我们不能不说写女人也是张岱的长项。他写她的形象："面色如建兰初开，楚楚文弱，纤趾一牙，如出水红菱，矜贵寡言笑，女兄弟闲客多方狡狯嘲弄哈侮，不能勾其一粲。"他写她的神态："一日，老子邻居有大贾，集曲中妓十数人，群诨嬉笑，环坐纵饮。月生立露台上，倚徙栏楯，眠娗羞涩，群婢见之皆气夺，徙他室避之。月生寒淡如孤梅冷月，含冰傲霜，不喜与俗子交接；或时对面同坐起，若无睹者。"深圳有一个叫"登徒子"的作者，堪称本城写女人之第一人，不过跟张宗子比起来，恐怕尚有十里之遥吧。

想象着王月生这样的女子，我想黄裳是迷明代女人的，而董桥迷民国女子。他们迷得不无道理。

克里希那穆提的《爱的觉醒》

灵修——灵魂的修炼、灵性的修养，跟我国的修身养性相比，更侧重精神层面的内省与操弄——修身的一面，则大致见之于瑜伽。印度在灵修一事上，传统悠长，积淀深厚，不时有圣人出现。最近十多年来，至少有两位灵修大师影响了中国，前者是奥修，另一位则是克里希那穆提了。

印度这一流圣人的一大特点，就是喜欢空诸依傍，宣称自己跟任何宗教、流派了无关涉，颇有中国禅宗鼻祖惠能的气概。我们翻阅克里希那穆提的学说，不时能够联想起老庄的诸多说法，在精要直截等方面，他未必可以跟老庄以及中国的高僧大德相提并论，但文化流播向来就有时尚的特性。据说克里希那穆提在西方影响巨大，是有定评的大师，这一"奇理斯玛"或曰"神魅"常常是文化传播的巨大动力。

克里希那穆提一生不写作而著作等身，盖因为他的演讲与谈话自有信众忠实笔录——这也是大师风范，或者说是大师特有的标签。《爱的觉醒》一书由胡茵梦翻译，无前言后记，仿佛"赤膊书"，我们无法一下子知道它成书的具体时间、该书在克氏书系当中的地位等，不过，译者或许认为灵修事大、其余事小，聆听圣人教诲，顺从大师接引，已经很好了，又何必对八卦之类兴趣浓厚？

那么我们来读书。《爱的觉醒》涉及爱、自由、冥想、自性、能量、自然、凝神、澄化、灵性、生命的责任和意义等主题。总体的方式，大致都是在风光明媚的场所，先由俗世之人讲述他们的心思和困顿，再由大师分析、解惑。这一风光明媚之环境，并非仅仅是一个讲演的场地，更是灵感触动的媒介，亦是人应当仿效的存在。因此，克里希那穆提在演说中常常吟风弄月，那并非因为他诗兴大发，而是以自然为道具，向座中受众作美丽之启示或者温柔之棒喝。

概而言之，克里希那穆提的工作，是向内转。我们稍微留意一下众人，就知道几乎都是外向的。在外向性的世界，我们有方向，有目标，有规划，有步骤，有标准，有希望……一旦回到内在世界，我们觉察到自己的心、自己的情绪、自己的意识，但它们到底是怎么回事，它们在我们的生命中有何作用，它们对外向世界有何影响，它们本身是否有规划塑造的必要等，这些是寻常人所不知的。这样的地方，就是克里希那穆提的擅长之处了。

灵修大师专注于自己的内心，向内在做深度的开掘。他把人世间所有的冲突、疯狂、混乱，都归咎为人心失去了爱。克氏所谓的"爱"，跟我们寻常人的理解颇不相同，爱有与天地万物同为一体的感觉，爱能泯灭你与我、我与他或它的差别，这样的爱使我们对一切存在都保有慈悲。为了获得这样的爱，必须经由冥想的训练。所谓"冥想"，就是心若止水，它并不刻意去映照什么，也不刻意去回避什么。但这还不是最高境界。最高境界是连这"止水"的意念都泯灭了，你直接与一切同为一体。经由冥想的训练，心灵解除了概念的束缚、逻辑的束缚、分析的束缚，总之是一切思维习惯的束缚，你的心对万事万物的反应，只是一派天然，这样的心灵就是自由的、灵敏的、富有生机的。

以上，我对克里希那穆提的灵修理念进行了高度地概括，难免挂一漏万。我把克氏的这一套称为"内向的革命"。他把人生下来后接受的所有教育都看作是扭曲、变态、病象，因此，他所要做的工作就是回归生命的本真状态，仿佛老子所谓的"绝圣弃智"。他蔑视权威、怀疑社会、嘲笑宗教，并不在乎中国的圣人特别在意的"内圣外王"，似乎认为内圣就是外王，无需再刻意经营一个"外王"。如果每一个人都能够凭借自己的本性行动，这个世界自然是和平的、安静的、愉悦的。如果不能达到这样的目标，那么，那些经由冥想训练可以获得内心的宁静与喜乐的人就是获救者。

这就是圣人之道、圣人之学了。这样的教诲自然有极大的魅力，可以吸引成千上万人来聆听并练习。但事实上，一万个人里面，恐怕未必有一个人能够成圣。因为它实在太难了、太内向了、太与现实世界格格不入了。不过，这并不妨碍它成为一种大众流行的时尚文化，其中的原因复杂多端。比如说，即使收获其中微小的部分，大概也对我们的实际生活是有好处的，因为它提供了另一个观照生活的坐标。另一方面，它为我们的生活提供了一种希望，这是在终极的意义上解决问题，它使我们认识到不管怎么样，毕竟还有另外一条路、另外一个方向……

南方朔的词语考古

有一阵子我喜欢读南方朔的文章。我订阅的一份网络杂志里面不时有南方朔的名字出现。从文学到政治再到经济，他的评论范围十分广阔，而他的专业似乎是林业之类，跟人文的关系遥远而稀松。去年某个时候他来深圳时我向他表达对他的文字的喜爱，平易而随和的大师居然略带一点结巴地说，别人一说喜欢我就紧张……

他已经出版了大大小小的一堆册子。但我有的只是一本《语言是我们的居所》(辽宁教育出版社出版，2000年)。这不是通常意义上的语言学研究，那样的研究容易很专业、很乏味。作为学者，又作为新闻人，南方朔恰当地把自己的视野约束在两种不同身份的交集处。新闻人身份使他的观察有现场感和当下感，而学者身份又使他能够纵深或者是横向地发生联想。

在《语言是我们的居所》这本书里，南方朔拈出了60多个主要流行于港台的词语进行剖析。我把这种工作称为"词语考古"。虽然所考察的还是活生生的词语，但是，这些词语的含义已经在流转使用的过程中磨损得非常厉害，过于熟悉的后果往往等同于遗忘，让我们不再能感觉到它本来的意思。而考古除了发现词语应该有的意思，也恢复我们应该有的感觉。

那么多我们习焉不察的词语在南方朔的摆弄下原形毕露，快何如之。比如"黑道"，他指出这是一种"类型化"的手法，用类型化代替辨识；给某些人加诸"黑道"的头衔，这符合近代社会学的"贴标签理论"，通过价值"加码"，"寓压迫于预防"。又如"八卦"，他指出这是香港新方言，指的是"爱打听别人隐私，爱说闲话，爱管闲事，乐此不疲"；在英语当中，对应着"闲扯"和"流言蜚语"，大众文化的兴起使"流言蜚语"成为一种文化。再如"至尊"，他指出最早是形容词，皇帝有至尊的称谓；后世有很多僭用，武侠有所谓"武林至尊"，赌场最大的牌是"至尊宝"，"至尊"一词有"帝王意识"的庸俗化与世俗化，反映出一种人人想当"老大"的封建意识。

从另一方面说，南方朔又像是一个测绘员，在理论的地图上，为词语找到准确的位置，帮助我们走出词语的迷宫。

书游记

杜拉的《物质生活》

最早读到杜拉是在 1980 年第 2 期的《外国文艺》上。那时的这份杂志还要在封底注明"内部发行"。卷首便是王道乾翻译的小说《琴声如诉》。《琴声如诉》写的是"不可能的爱情"。

给我留下较深印象的是小说中间不时穿插着对木兰花的描写，"木兰花散发出浓烈的花香"，"木兰花正在这初春暗夜酝酿着它那带有死亡气息的花期"，"木兰花将在今晚全部开放"，"惟一的木兰花不停地侵袭他"，"木兰花瓣柔腻光滑，光洁得不带半点毛糙"，"木兰花的芳香逐渐减弱"……这部中篇小说有诗意的调子。

按照传统的划分标准，杜拉当然是小说家。但是，她在骨子里是诗人，是一个用小说或者散文的方式写诗的人。及至读到《物质生活》，我更确定杜拉是诗人。我的意思倒不是说诗人就高出一筹，在这里，所谓诗人的意思无非是指她是灵性的、喜欢传达弦外之音的、直觉的、能够在不大相干的事物之间迅速找到联系的那种人。

《物质生活》是一本回忆性质的书。是跟某个人的对谈，这一对谈的记录应该经过了杜拉的润色，甚至重写也是可能的。

在杜拉之后，中国女性作家也能够写出"杜拉体"了，不过在这之前杜拉还是有某种示范的意义，散文的"杜拉体"丰富了我们的写作，这一点应该毋庸置疑。

所谓"杜拉体"或者可以称之为"镶嵌体"。这样的文章是用句子镶嵌成的，不是有了前一句再写后一句，它不是织物，可凭空就先扔一句出来，端详一会儿再穿插进去一些新的句子，有点像插花，慢慢调试着把一些句子插到文章里。不妨看一点点例子：

——书，就是两个相爱的人的故事。是这样：他们相爱而无成见。

——在黑岩旅馆，每天下午，在夏天，有一些女太太，已经上了年纪的，都要到平台上来，闲谈聊天。

——城市的那种窒息，那种沉湎，在这里，这里有海洋给以防护。

——手出现在身体上的情形，我还记得，瓮中倾出水的那种清新，我也记得。

整部《物质生活》都有一种尘埃落定的味道，一切当时与事后的情形都已在把握中恬淡，这应该是杜拉能够把许许多多句子当作一种预先准备好的材料拿来制作文章的前提吧。当然，"杜拉体"并不完全对应着镶嵌，但镶嵌确乎是它最基本的特征。

易中天的新说书时代

　　中国友谊出版公司曾推出了当年明月的《明朝那些事儿》。当年明月现在是在广州供职的公务员，他大学期间学的是法律专业，业余时间是历史爱好者。他以每天2000字的速度讲述明朝故事，准备用100万字的篇幅把明史重新讲一遍。当年明月在他的博客连载这些文字，几个月的时间就获得了200多万的点击量。粗略地浏览了一下，《明朝那些事儿》的大致路数同于易中天的《品三国》以及《汉代风云人物》这一类书，更多些叙事，更少些分析，把各家的说法融会贯通一下，不犯常识性的错误，不时加入一些同情性的理解，基本还是把历史按照今人的胃口用现在的语言再讲一遍。为了增加阅读的快感，文字方面有些调侃与变通，但还未失于油滑。当年明月虽然没有上央视的"百家讲堂"，但他编织文字的感觉有"说书"的痕迹，也是非常适合到形形色色的讲堂上去讲的。

　　自从"百家讲坛"热火起来，大众文化的潮流进入一个"新说书时代"。过去我们说到"说书"，大致知道这是一种"曲艺"形式，说书的是艺人，如单田芳等人。曲艺演员的说书，多半取材自文学，尤其历史文学，他们注重表演性，对于说书要涉及的文本，多从表演艺术性的角度去处理，不大有自己的见解。20世纪80年代，一度出现过"说书热"。在"新说书时代"，当红的说书人不再是曲艺演员，而多半是中学、大学有口才的老师，或者是文学学者、历史学者之类。这些新说书人在表演性上乏善可陈，但他们更注重传达史实、知识以及某种观念。对于他们要处理的文本，灌注了一定的意见和理解，起码经过了消化，甚至不乏独到的见解和真知灼见。这使很多家庭观众觉得也是一种学习，多少有些收获，也不反对自己的孩子跟着一起听听这一"新说书"。

在新说书家中，易中天无疑是其中的翘楚，新说书时代的标志性人物。山东大学的马瑞芳教授前不久来深圳"市民大讲堂"宣讲蒲松龄的《聊斋志异》，晚上餐叙时说到她在央视的"百家讲坛"跟易中天在一个组，闲时或电话或短信，大家彼此戏称是"幸福的老年人"。他们觉得自己幸福，很大一个原因是由于有央视这个平台，本来已经结束的讲课生涯在已退休或将退休之际得到延续，而且范围空前扩大，听众比一辈子教过的学生总数有过之无不及。过去他们是桃李满天下，现在则是名满天下。他们写的书一下子畅销起来，也比此前一辈子卖过的总和还要多若干倍。阿德勒所谓"顶峰体验"的滋味仿佛一时得尝了。

易中天显然已经是余秋雨之后的又一大文化明星，风头之劲，一时无两。值得略微提及的是，余秋雨与易中天这一对文化明星，本来的学术出身都是文学，后来及时转型，都进入历史的轨道，前者因为写"历史大散文"成名，后者则因为讲"三国"及"汉代人物"成名，最新的例子则是当年明月了。历史学忽焉成了"造星基地"——这个初步判断如果被认为力道不够，还可以举出黄仁宇、唐德刚乃至吴思以为佐证，他们如果不是历史学的从业人员，名气不免会大打折扣。当然，后面的这几位说是名家可以，说是明星则不那么家喻户晓……名家与明星，在成色和分量上，或者说在类型上，差别还是十分显著的。

历史学成为"造星基地"，说奇怪也不奇怪，历史学的一大部分本来就是"大众之学"。过去艾思奇写过《大众哲学》，但哲学要大众化终归是一件非常难的事情，概念那些抽象玩意儿是不容易讨人喜欢的。而"讲古"一事一则涉及颇多中国人的遗传基因，二则也有我们的文化传统且源远流长。早年，中国人的历史知识与历史记忆，不是由教师而是由说书人来普及的。南宋诗人陆游有诗描绘当年听说书的盛况："斜阳古柳赵家庄，负鼓盲翁正作场。身后是非谁管得，满村听说蔡中郎。"邓广铭先生说，"到了宋代……不论城市的市肆、涂巷，或是百姓聚居的村落，都有以说史书为业的人（包括盲人）。……这许多讲史的文本，经过长时期和千百人的充实修改，最后集结为《三国志演义》《五代史平话》《水浒传》等书，成为现今多数人喜读的古典小说。""由并不阅读史书的人向社会人群说历史故事的风习，继续了千百年之久而未改变。"

这样的风习一般出现在文化环境宽松、市井生活繁荣的时代。说书者面向百姓，他们所要说的，不是什么经邦济世的宏图大计，也不是什么历史兴衰的基本规律，而是历史中的视野和经验，有平常人缺乏的戏剧性和传奇性，有人情世故之常，是听众喜闻乐见的中国人之为中国人的老套解释。新时代的说书人还糅进了一些成功学、权谋学、管理学之类的常识。这些新说书人用现代人的情感去揣测历史，从另一层面诠释了克罗齐所谓的"一切历史都是当代史"的名言。如果我们把余秋雨与易中天进行简单比较，不难发现，同样是处理历史题材，余秋雨比较"八十年代"，有人文关怀甚至宏大叙事，而易中天把身段放得很低，他敏感地意识到听众希望他供应什么，不归纳规律，只尽可能地把听众带入当时的情境中，让你想象如果是当事人该怎么办，比老派的说书人多了一些开放性和随机性。易中天彻底的世俗化的历史叙事模式帮助他找到了最大的消费市场，他的成功确凿无疑，至于意义则不妨延迟一些时候再慢慢给出。

书游记

帕斯卡尔的《思想录》

　　小文章谈大书，有点蚍蜉撼大树的样子。不过，蚍蜉撼树主要的意思恐怕是撼一下，知其不可而为之，原本并不在乎是不是能够撼得动吧。

　　帕斯卡尔的《思想录》是大书，有些内容驳杂、艰深者有之，离开那个语境，真是看不明晰。不知为不知，撇到一边去好了，终归还有值得看又看得有意思的部分。

　　《思想录》是格言体。我颇喜好格言体。钱锺书先生说大厦倾覆，只有竹头木屑留下来，竹头木屑才是有价值的部分。《管锥编》也是格言体。格言体只说有意思的话，废话、大白话、众所周知的话、正确的话……留给别人去说好了。

　　因此格言体是给文章做减法。这也减掉，那也减掉，文章还要能够写下去，不容易。或者可以说，格言体是留白式的文章，比如这样一句话："人们爱看错误，爱看克莱奥布林的爱情，以为她并不认识自己的爱情。假如她没有被骗，那就没有趣味了。"

　　人都是幸灾乐祸的……这样一句"人性论"留下多少白。帕斯卡尔随便一句话可以铺排成长篇大论。但如果他要去铺排的话，时间不够用了——他只活到 39 岁。

再看这样的话："克伦威尔要蹂躏整个的基督教世界；王室被推翻了，而他自己的王朝则是永远强盛的；只是有一块尿沙在他的输卵管里形成了。就连罗马也在他的脚下战栗；然而这一小块尿沙既已在那里形成，于是他就死了，他的王朝就垮台了，一切又都平静了，国王又复辟了。"

这一只言片语的脉络，如果到小说家手上足以写成大部头。但是，帕斯卡尔把一切都说了，用几句话就穷尽了漫长的、戏剧化的历史，充满了张力与反讽的意味。

这个数理科学家对人性的见地永远那么一针见血。他说："赌博、交女朋友、战争、显赫的地位那么为人们所追求，并不是在那里有什么幸福可言……人们所追求的并不是那种柔弱平静的享受，也不是战争的危险，也不是职位的苦恼，而是那种忙乱，它转移了我们的思想并使我们开心。"

当现在的人们夸张地强调自己很忙时，我们应该能够知道那不是抱怨而是一种满足，这样的心理，古今的人类是一致的。

帕斯卡尔最著名的格言是："人只不过是一根苇草，是自然界最脆弱的东西；但他是一根能思想的苇草……纵使宇宙毁灭了他，人却仍然要比致他于死命的东西高贵得多；因为他知道自己要死亡，以及宇宙对他所具有的优势，而宇宙对此却一无所知。"

这样的话，假如是今天的某个人说出来的，那将会遭遇多少鄙夷的白眼呢？即使在帕斯卡尔活着的年代，更多的人对此恐怕也是不屑吧。因此这句话显得尤其伟大。

曼古埃尔的眼镜考古

如果到现在的大学校园去走一趟，你会发现戴眼镜的学生比不戴眼镜的要多得多。前不久看到英国科学家预测未来人类形象的研究报告，大致有一个头大身体小的演变趋势。或许还应该在他们每一个人的脸都加一副眼镜。

30多年前，戴眼镜的人是很少的。他们被大家看作是知识分子。不过那时的知识分子并不怎么受人尊重，眼镜对于体力劳动是有妨碍的，这常常使知识分子成为奚落的对象。一直以来，在民间，读书人往往有穷酸潦倒的一面，他们的形象有些喜剧色彩。

曼古埃尔在他的《阅读史》（商务印书馆出版，2002年）一书中说，在波尔布特的极"左"路线统治柬埔寨时，他们对戴眼镜的人采取严厉措施。在某些人看来，戴眼镜的人通过阅读，可以获得另外的信息，这使他们可能有自己的头脑。这是危险的。

是的，眼镜从来就不是寻常之物。从一开始，它就是跟阅读联系在一起的。眼镜为阅读提供方便，而阅读是书呆子的典型姿态。曼古埃尔在他的《阅读史》中谈论"书呆子"，就是从眼镜着手展开论述的。13世纪，眼镜被发明出来供读者使用。

到了 14 世纪，眼镜已经成为博学与知识的象征。

　　但是，再过一个世纪，眼镜的象征意义被彻底颠覆，"这些戴眼镜的、自以为通晓上帝智慧的读者，被认为是傻瓜，而眼镜则变成知识傲慢的象征"。于是，在这个时期，书呆子的形象被塑造出来了。一个典型的书呆子的鼻子上，免不了会架着一副眼镜。反智主义其实也源远流长。

　　戴眼镜的形象当然有反复。又过了几个世纪，卡莱尔为书呆子赋予一种英雄的悲剧色彩："他，以他的'版权'与'版误'，在他肮脏的阁楼，穿着发烂的外套；身后，从他的坟墓去支配整个国家与世代；他们在他还活着的时候，或者会，或者不会，给他面包吃。"这里的"他"，少不了会有一副眼镜架在鼻梁上。

　　曼古埃尔对于一张摄于 1940 年伦敦大轰炸期间的照片的解读非常有意思。在一处塌陷了的图书馆内部，三个男子站在瓦砾之间，一个在阅读，一个正在取书，还有一个戴眼镜的正在犹豫，不知道该读哪一本书。曼古埃尔说他们不是在遗忘战争，"他们正在努力坚持，以对抗眼前的厄运；他们正坚持着一个平常的发问权利；他们企图再一次发现——在这废墟之中，在阅读偶尔赐予的惊人报酬中——发现一种理解。"我很少见到有比这更精彩的对于阅读的理解。

南怀瑾的《论语别裁》

　　深圳读书月的"读书论坛"打算请来南怀瑾先生，这是很值得期待的事情。要是央视的"百家讲坛"找南先生去讲，还会有易中天热吗？仅仅这么想象一下，也是有些意思的。

　　我读南怀瑾久矣。最早买到的南先生的书是海南三环出版社出版的《静坐修道与长生不老》。然后是复旦大学1990年出版的《论语别裁》。这本书出版后，另一个我也很喜欢的老先生张中行曾经在《读书》杂志上发过一篇书评，说三十多页过后，就再也读不下去了，于是以老人不多见的酷评手法指责了一通。君子和而不同，学养深厚的老头子相互抬杠，非常好玩。

　　我倒是喜欢《论语别裁》。原因之一是，这本书里其实八卦甚多。比如介绍台湾，把讲三民主义和四书五经的教授叫做"三四教授"；比如说，佛学像百货店、道家像药店、儒家像粮食店，这是妙喻；比如说，李宗吾六十多岁时，整天不吃饭，老喝酒，精神、道德都很好；比如，曾国藩有两套学问，一套是家书，另一套是看相的《冰鉴》；再如说，西方文化是从两个半苹果而来的，一个苹果被亚当夏娃吃了，一个苹果使牛顿发现了地心引力，还有半个苹果是木马屠城中的英雄主义。如此等等，这些琐屑的笑谈不大见之于高头讲章，但绝对不是那种一点信息量都没有的、正确的大话可以比拟的。

当然，南先生的好处还在于，他把《论语》吃透了，所以，他不是寻章摘句的老雕虫，他以意会之，力求自圆其说。比如一开头的三句话，南先生就讲得非常好，"学而时习之"指做人做事的真本领要经常练习，非专门指读书也；"有朋自远方来"指未来的某人理解了自己的思想，非指有客人到访也；"人不知而不愠"指即使一辈子没有人了解，也不怨天尤人也——这样的解释更切近孔子的原意。

要知道南先生讲解《论语》的高明之处，可以看看他是怎么解释《乡党》一篇最后一段的："色斯举矣。翔而后集。曰：'山梁雌雉，时哉时哉！'子路共之，三嗅而作。"南先生说这一段讲的是得时、得位的问题，强调时机的重要。得时得位，野鸡也可以贵为凤凰；不得时位，凤凰变野鸡。所以，对"时哉时哉"，孔子有很深的感慨。朱熹这样的大家认为这一段话掉了文字。南先生则认为非常完整，他进一步指出，这其实正是释迦牟尼拈花微笑的手法，不着一字，借用稍纵即逝的吉光片羽，向子路展示了深刻的哲理。讲解得富有诗情画意。

南先生的书，大部分都是演讲稿。讲传统文化，目前没有看见谁比南先生讲得更好。至于怎么评价传统文化，那就是另一回事了，南先生可资参考的意见并不太多。

阿城的《威尼斯日记》

阿城1992年5月开始去威尼斯待了两个月，差不多每天一篇日记，长长短短，将近60篇，是为《威尼斯日记》。

翻《威尼斯日记》的时候，有时会想起佩索阿的《惶然录》。《惶然录》是"仿日记"，阿城写的是真日记。

佩索阿写的是"头脑里的旅行"，阿城写的是"威尼斯旅行"。不是说阿城没有头脑，也不是说佩索阿没有城市。头脑与城市的比重不一样。佩索阿写心灵活动，写内在冲突，写他的困惑与迷惘，那么复杂而细致，那么深情而忧郁，于是，佩索阿的文字就更加是文学；而阿城的文字呢，更多的是见闻与见地，当然，在广义上也是文学。

这么稍事比较一下，不过是说，在中文世界里，阿城已经很好了。但是，在文学的意义上，还可以写得更好，比如佩索阿。当然，佩索阿也不是顶峰。阿城是一个智者。一个智者是不是能够做出杰出的文学成就，这是有疑问的。

他那些随时随地而来的见解，确实叫人读了"快乐得不知道说什么才好"。比如说到文章，"好文章不必好句子连着好句子一路下去，要有傻句子、笨句子、似乎不通的句子，之后而来的好句子才似乎不费力气就好得不得了。人世亦如此，无时无刻不聪明叫人厌烦"。

比如，他从成语里解读出这样的新意："中国古代寓言'买椟还珠'，嘲笑不识珠宝的人，说有个人欣赏盛珍珠的盒子，交钱之后不要珍珠，只把盒子拿走了。其实还珠的人是个至情至性的鉴赏家。"

他这样写"腰"："意大利的男女非常好看，腿修长有力，脖子精致，额头饱满，腰部微妙，像脸一样的有表情。"

他说李白的诗颇多酒神精神，"我常觉得他的有些诗是可弹'冬不拉'伴奏的，相比之下，杜甫的诗明显是汉风"。

他对苏童有这样的评价："厨子身上总要有厨房的味道，苏童却像电影里的厨子，没有厨房的味道。"

他向我们示范他是怎么写废话的："翻看前面的日记，知道二十六日起有一次头痛。日记原来有这样的用处，只要你记下来，它就告诉你记的是什么。我经常发现这些简单的真理。"

他这样写，似乎就是为了引出下面一个段子：说一个铁匠收了一个徒弟，徒弟老想知道打铁的秘密，师傅告诉徒弟，好好干活，死的时候自然会告诉他。徒弟于是拼命干活。师傅死的时候，自然不忘承诺，把徒弟叫到自己的面前，用最后的力气告诉他：热铁别摸。

他有些闲笔韵味十足："下午开始刮风，圣马可广场那些接吻的人，风使他们像在诀别。游客在风里都显得很严肃。"

阿城到底是中国文人。他的这些文章跟明人的小品非常神似。当然，对他的秘密，我以为是，在别人以为思考应该停止的地方再思考一下。他骨子里有这样的意识：热铁未必不能再摸。

韩少功的《山南水北》

　　《山南水北》是韩少功的《惶然录》吗？有些地方它们是相似的。比如，《感激》这一篇，韩少功写到将来，在弥留之际，他会有一些感激的话，他会感谢猪、牛、鸡、鸭，甚至会想到一只老鼠、一条蛆虫、一只蚊子，想到它们其实也有活下去的权利。"我当然还得感激人，这些与我同类和同种的生命体。说实话，我是一个不大喜欢人类的人道主义者。我不喜欢人类的贪婪、虚伪、装模作样、贵贱等级分明，有那么多国界、武器，以及擅长假笑的大人物和小人物……"这样的语气和思路非常之佩索阿。

　　或者，天底下的哲人其实是同一个人，这就是我们为什么总是会觉得他们彼此是相似的。不是吗，我们其实也可以说韩少功跟陶渊明是一个人，韩少功选择在湖南的八溪峒隐居，这是一件非常陶渊明的事情。他的那篇《回到从前》是现代版的《归去来兮辞》："更多的工人在失业，更多的农民在失地，更多的垃圾村和卖血村在高楼的影子里繁殖，这也是成功人士圈子以外的事情……""我喜爱远方，喜欢天空和土地，只是一些个人的偏好。我讨厌太多所谓上等人的没心没肺或多愁善感，受不了频繁交往中越来越无话可说，也只是一些个人的怪癖。"

指认韩少功跟佩索阿尤其是陶渊明之间的相似性是重要的，这就不至于把韩少功"转过身去"的姿态，误读为"广阔天地大有作为"，或者是什么反现代性乃至绿色主义、环保主义——虽然人们已经把他这样挂钩觉得是件多么时髦的事啊。试想一下，在陶渊明的年代有什么现代性和绿色主义呢？那种对于虚伪的人生和无心肝的人类的厌恶，毋宁说更是一种"本性"，所谓"少无适俗韵，性本爱丘山"就是这个意思了。

当然，韩少功自然有不同于前人的地方。如果说佩索阿过于沉溺内心，那么，韩少功则相对平衡，他常常会顾及他的那些农民邻居。如果说，陶渊明更多寓居乡间的色彩，韩少功还是一个劳动者，他种菜，也许还不止于种菜。他关于体力劳动的那些颂词已经不大出现在文人墨客的笔下了，其实是非常耐人寻味的文字：

"坦白地说，我看不起不劳动的人，那些刚在工地上干上三分钟就鼻斜嘴歪屎尿横流的小白脸。

"连海德格尔也承认，'静观'只能产生较为可疑的知识，'操劳'才是了解事物最恰当的方式，才能进入存在之谜。

"我们要亲手创造出植物、动物以及微生物，在生命之链最原初的地方接管我们的生活，收回这一辈子该出力时就出力的权利。"

生活方式的返璞归真往往是思想上返璞归真的一种前提。转过身去的韩少功又转过身来，展示了另一种山水。

王樽的《谁在黑暗中呻吟》

　　我读书，喜欢做减法，把一篇文字压缩再压缩，像是找出最大公约数，就算看过。比如读王樽的《谁在黑暗中呻吟》，就归纳出第一篇是"父亲观"，第二篇是"妓女观"，第四篇是"仪式观"，如此等等。有些篇章不算什么"观"，比如《蝴蝶的颜色》大致说的是"蜕变"，《沉默的苹果》大致说的是"诱惑"，《麦子，我的麦子》大致说一些麦田意象，《楼梯的意想》也是同类写法，把电影中见过的楼梯串连一下，楼梯本来就有升降、转折、出没的意味。

　　但这样的读法大致算是哲学式，而王樽的电影写作是诗人式。自从荷尔德林的短语"诗意地栖居"被众口铄金之后，诗意已经成为最缺少诗意的单词。不过要说王樽的书，诗意仍然是一个无法避开的关键词。大抵说来，诗意先得有一个"意象"；但同时你就直觉这个"意象"中有另外的意味；这意味你知道自己已经全盘把握，但用语言把它说出来，或者不能，或者不愿；诗意带给人的乃是那种既在此，又不在此的韵味……

　　举例来说，只有诗人才对诸如"轻盈的气息"大感兴趣并探究不已。王樽说蒲宁在小说《轻盈的气息》中借一个女主人公之口，列举了"窈窕淑女"的诸多特征，比如要有黑眼珠，黑睫毛，泛着柔和红晕的面颊，苗条的身材，比一般人长的手指，纤小的脚，丰满适度的胸脯，圆得恰到好处的小腿肚子……但最重要的是要有"轻盈的气息"。但什么是"轻盈的气息"呢？蒲宁没有给出明确的答案。王樽说，几年前，他第一次从银幕上见到丽芙·泰勒，在她主演的电影处女作《偷香》上。王樽写道："影片最后，她在橄榄树下与热恋的男孩拥吻在一起，她的百合花一样的嘴唇呼吸得有些急促，青春的胸脯微微起伏着，我想到了那个久违的词句——'轻盈的气息'。"最后，王樽说"轻盈的气息"的本质是由巴乌斯托夫斯基在《金蔷薇》一书中给出来的，巴氏写到他的女儿："我手掌上感受到了微弱的温暖的气息，这沉睡着的人的生命的气息，这馨香的温暖，有一种生命所特有的魅力，是生命平静而又壮丽的一种表现。"王樽给出的关于"轻盈的气息"的美学线索是非常迷人的。

　　熊秉明有一篇文章的标题叫《看蒙娜丽莎看》，一般人都看蒙娜丽莎，只有熊秉明"看蒙娜丽莎看"。王樽写了一系列关于电影的书，说的都是自己看电影的联想，大致上都是"看蒙娜丽莎看"。他的《谁在黑暗中呻吟》有些意思，因为它是一个问题。是电影中的男女在黑暗中呻吟，按说应该是一个可以"加10分"的标准答案，但在这里，正确的回答恐怕是，看电影的人在黑暗中呻吟——比如说其实是王樽在呻吟。至于他呻吟的原因，我们不妨说，那应该是诗人对于美的特殊的敏感吧。

杜尚这个法国的庄子

　　谈论杜尚在文人圈里一直是一件时髦的事情，仿佛知道杜尚自己就在暗中成了卖弄的人。对于好些个搞艺术的男女来说，《杜尚访谈录》是他们的圣经。越是跟杜尚格格不入的人，越是热衷于表白对杜尚的仰慕——当然也是对的，这缓解了他们心中那些多少有点难能可贵的焦虑。

　　在一般意义上，杜尚是个艺术家。他的恶作剧比他的作品更广为人知，他化便池为展览品、给蒙娜丽莎画上胡须的惊世骇俗，给无数后来者提供了谈资，但惊世骇俗未必是他想要的效果，因为那总是伴随着某种程度的热闹，而终其一生，杜尚总是回避热闹。他很少出门，很少见人，不去看展览，不去美术馆，跟艺术家的圈子保持距离，选择在所谓艺术出现的时刻迅速消失——他大概是历史上最擅长不把握机会的人……他宁愿待在国际象棋的漫长游戏里，他作为一个业余棋手的历史比艺术家要更为长久。

　　如果你同意庄子是一个哲学家的角色定位，那么，我们未尝不可以把杜尚视为一个哲学家。他们的身上有太多相似性，假如有人把杜尚认作是一个隔代异域的庄子，那也没有什么不可以。他们都对任何形式的奴役深恶痛绝，都尝试摆脱一切可能摆脱的束缚。杜尚说，"我一直没有妻子，没有孩子，没有任何这一类的'包袱'。人们总是来问我如何谋生，没人说得清，顺着走就是了。"如果说绝大多数人的人生都是不断社会化，不断地做加法，那么，庄子也好，杜尚也好，他们是在做减法，他们是去社会化的，甚至是去生活化的，这样的人生正所谓"生活的退息"。他们早就洞穿一切名声、权势、财货、成就背后的虚妄，他们都有一双冷眼，但他们的心肠未必也那么冷。

　　庄子当然是一个至情至性的人，否则他不大可能说出"相濡以沫，不如相忘于江湖"这样沉痛的话来。比较而言，杜尚更呈现出一种贵族似的懒散和无所谓。懒散是他的武器，他用懒散来实现自己，他知道自己没有必要在价值十分可疑的事情上搞得那么勤勉，而有价值的事情终归那么稀少，他用漫不经心的口吻说"我爱呼吸甚于爱工作"，那是因为绝大部分工作都是无聊的。这样超然的心情使他有时间也有精力去做几件值得去做的作品，但是，"我不觉得艺术家是那种非得做出什么东西来的社会角色，好像他欠了大众什么似的，我讨厌这种想法。"杜尚说。

　　常常有人从经济的角度去论证杜尚何以能够如此。我们把人仅仅当作是经济动物的时间很久了，不知道还有经济之外的可能性。我们知道自由的滋味，但缺少品尝它的勇气。是的，有那么多人热爱杜尚，其中一个不算是隐秘的原因，那就是：我们做不到。

罗素的养生之道

据说钱锺书先生的养生之道是 16 个字："幽默风趣、淡泊名利、夫妻情深、童心童趣。"一个活到 80 多岁的老者，终归有他长寿的道理，但这个所谓养生之道应该是好事之徒的事后总结，钱锺书当然不可能刻意为之。

英国哲人罗素的传记有一章专门讲他的养生。罗素更厉害，他活了将近一个世纪，从 1872 年活到 1970 年——不知道他是不是最长寿的哲学家。长寿也是一个成就，对去世的美国前总统卡特，媒体介绍到他时就说他是美国最长寿的总统，卡特自然无法对这样的评价进行表态。

顺便说一句，不是所有人都对身体的状况那么在意，尤其是男人，又尤其是还不那么老的时候。法国哲人萨特就说过，如果不能写《辩证理性批判》，身体好又有什么用呢？其实这是表达男子汉英雄气概的别一种方式。仿佛求仁得仁，萨特活到 70 多岁，不算高寿。

罗素不一样。罗素说在他一生中，经常想到"怎样才不会变老"，用一种一以贯之的理性主义态度来对待这个事。罗素的结论大致有如下几点：遗传很重要，祖上高寿，自己高寿的机会就会很大。不过祖先是自己无法选择的，剩下的是自己可做的部分。其中，罗素特别强调乐观，为保证乐观，罗素认为应该多想想那些未完成的工作，而不是沉湎于往日的辉煌。

劳逸结合是罗素格外注重的。罗素上午写作，下午看书写信，晚上接见客人或者进行讨论。罗素的"逸"，主要是散步，黄昏或者晚上，在山间路上，欣赏自然之美。他喜欢在野外休息。

对于老人来说，免于死亡的恐惧也是长寿的秘诀。罗素说："最好的办法是逐渐扩大你的兴趣范围，并使自己渐渐地达到无我之境，直到自我的围墙一片一片地、一段一段地倒塌为止。"他甚至用河流流入大海来比喻生命的终结。死亡是一件诗意的事情。

自然主义是罗素养生的另一法宝。他强调不过多地限制自己，不过苦行僧似的生活。他说："我吃或饮我所喜欢的东西。当我不能保持清醒的时候，我就随时睡去。"罗素用这样一种自然主义的态度来对待抽烟。他抽了 75 年的烟，也就是说，他的烟几乎抽到死的那一天。这是一个非常不利于戒烟宣传的反面例子。

日本一个医学专家试图对这个现象进行科学解释。这个解释是，如果你抽烟觉得快乐，那么，这种快乐的好处足以补偿你，甚至抗衡抽烟带给你的坏处——这当然是有待商榷的。不能不提及另外一些方面，老年罗素长期居住在北威尔士的山

书游记

区，那里森林密布，空气清新。如果高寿是一项成就，这也是需要条件的。

李敖把身体的健康视为哲学的胜利。如果他的话不错，那么，罗素的高寿等于证明他哲学的成功。

黄永玉的《沿着塞纳河到翡冷翠》

我曾跟人说，如果要像唐宋八大家那样找出当代的八大家——虽然这很难——黄永玉可能要算一个。王朔很厉害，但他佩服阿城。阿城已经很好了，但把他的《威尼斯日记》跟黄永玉的《沿着塞纳河到翡冷翠》比一下呢，同样是游记，文字的趣味之类不去说了，单就内容的丰富而论，还是黄老要胜至少一筹。

当然，到了塞纳河、翡冷翠这样的地方，又有那么多时间慢慢游历，不丰富是不可能的。可以写的东西和人物看起来似乎很多，但恐怕也可以说其实并没有那么多。要体谅一下其中的难处，不妨假设自己到了这些地方，真能说出什么超出旅游小册子上介绍的那些话吗？这样的问题对谁来说也是一个不大不小的挑战。

黄永玉明智、当然也是巧妙地把问题转换成为"沿着塞纳河到翡冷翠的我"。这就好办多了，"我与我周旋久，宁做我"，每一个人最了解的还是自己吧，可以写的写之，不可以写的不写之，是写也。他采用一种"六经注我"的方式，写自己与欧洲这一块艺术气氛格外浓厚的区域相遇的事情，既前不可能有古人，后也不大会有来者，古往今来，黄永玉只此一人。

他写见闻，"'蒙娜丽莎？啊！我知道，那是一首歌！'一个搞美术的香港人对朋友说。"写作为一个画家才能觉察到的问题："法国人、意大利人、日本人、丹麦人、荷兰人有时也会挡住我的视线，但一经发觉，马上就会说声对不住而闪开。但这些美国人、德国人不会。为什么他们就不会？我至今不明白。"写老朋友郑可："钟表厂派了几个专家去找他，他把家里收藏的所有大钟小钟一股脑儿都送给来人，还赔了一顿丰盛的午餐，从此杳如黄鹤，镜花水月……"写达·芬奇，"达·芬奇博物馆，情绪不好的人最好不要去参观，你会感到人生无常之失望；这个老头的业绩离人的工作能量限度太远，不可及，唉！彼岸之迢遥兮，恨吾窝囊之妄追！"

他不只会写那些妙处横生的碎屑，也有很多独家心得，漫不经心写出来，其实饱含人生的大智慧，比如说，"艺术的蜜罐里，不知道淹死了多少创造者"，"读那么多书，其中的知识只博得偶然一瞥，这就太浪费了"，"也真怪，世上不少人创作的目的是为了被遗忘"，"'后台'生活是人生的命根子，性灵的全部，最真实的自我世界。它隐秘，神圣不可侵犯，却往往被人——甚至自己所弯曲诬蔑"，如此等等。

在文章的做法上，黄永玉极似庄子，他把很远的东西扯到文章里，然后告诉你，他所要的是那么一些神似。他的结构大开大合，信手拈来，涉笔成趣，果然是丹青妙手的习性——是的，这个老头的文章是画出来的。

吴清源的《中的精神》

　　被无数武侠迷偶之为像的金庸据说也有自己的偶像，在古人是范蠡，在今人是吴清源了。田壮壮执导、阿城编剧的吴清源的传记电影已经完成，这是一件值得期待的事情。

　　关于吴清源，史学家余英时有这样一句话："用志不分，乃凝于神，其吴清源之谓乎！"这是对吴清源为什么会成为一代围棋巨人的一个解释。

　　一度有人比较，吴清源跟李昌镐到底谁更厉害一些，最后的结论好像是，20世纪上半叶，属于吴清源；下半叶，属于李昌镐。李昌镐有点像道家人物，大智若愚，木讷无言，脸上几乎没有表情。吴清源当然是儒家人物，而且，大概是受了日本文化的影响，有一种"求道"的气质，这在围棋界尤其是中国围棋界是很罕见的。

　　现在满世界都在说"和谐"。吴清源则早在这个词语流行之前就说："我的围棋理想可以用'中和'这个词来表达。翻译成日语也许可以用'调和'这个词吧。"

　　吴清源说："中"这个字，中间的一竖将口字分成左右两部分，这左右两部分分别代表着阴和阳。而阴阳平衡的那一点正好是"中"。在围棋上，我经常说，要思考"中"的那一点。中和了棋盘上各个子的那一点，就是正着。……所以从拿起棋子开始的80年来，我从来不把围棋当作胜负来考虑，无论输赢，只要下出了最善的一手，那就是成功的一局。

话很浅显不是吗？其实内中包含了无限深意。无独有偶，日本另一个"美的围棋"的实践者大竹英雄也说过类似的话，最好的一局，就是双方都下出最善的一手，直至终局，只有细微的差距。这就是东方的围棋理想了。

曾几何时，流行的说法还是"不是东风压倒西风，就是西风压倒东风"。如果置身于围棋界，又或者是体育界，流行的哲学恐怕还是这样的。胜者一切通吃，败者一无所获，我们一向推崇"以大无畏的英雄气概"凌驾于对手之上，而吴清源的理想是，让对手的水平也发挥到极致，一起经营最好的一局，胜负是次要的。这是与"东西风"论者不同的另一种境界。

现代西方有些研究商业战略的后来推出"共赢"理论，比"双赢"还要进一步，所有人都有收获，才是最好的局面。

现在跟着流行的趋势讲和谐社会的人，如果多些爱好，比如懂得围棋；多些阅读，比如读读共赢理论，大概就不至于人云亦云。胜负是暂时的、未必有想象的那么重要，创造、共赢、中和、至善才是最值得追求的目标。

田壮壮的电影是否能够表现出吴清源的超尘脱俗的胸襟呢？这是一个悬念，让我们拭目以待吧。

麦基的《思想家》

20世纪90年代去今已远，这不能不说是一件触目惊心的事情。现在随便说到一本书都差不多是"旧书"，比如我下面就要谈及的这一本：布莱恩·麦基的《思想家》，生活·读书·新知三联出版社出版，1992年版，周惠明、翁寒松翻译。

这本书里发生的事件就更加久远了：彼时我们还在70年代中期，英国广播公司的电视节目主持人找来14位声名赫赫的哲学家，到电视上谈哲学。现在我们的一些文化人仍在争论学者该不该上电视的问题，其实真正有价值的问题是"上什么样的电视"以及"应该怎么上"。说到这里，这本《思想家》是一个非常好的示范。

看看他们找来上电视的人吧：伯林谈为什么要学哲学，马尔库塞谈法兰克福学派，巴雷特谈海德格尔和存在主义，奎因顿谈维特根斯坦，艾耶尔谈逻辑实证主义，威廉斯谈语言学哲学，爱尔谈道德哲学，奎因谈他自己的思想，西尔勒谈语言哲学，乔姆斯基谈他自己的思想，普特兰谈科学哲学，德沃尔金谈哲学与政治，默尔多赫谈哲学与文学，盖尔耐尔谈哲学的社会背景。这些一流甚至超一流的思想家到场，思想王国的概貌、哲学前沿的风景，基本就一览无余了。

麦基是那种学者型的电视主持人，他能够提出确实是问题的一些问题。不妨看看他跟伯林的访谈是怎么进行的：他首先问怎么让普通人对哲学感兴趣，然后问为什么普通人会拒绝追究假定的东西，再要求伯林举例说明哲学家是怎么质疑假定的前提的。接下来他的问题是：什么是哲学的命题、为什么有那么多语言的问题、什么类型的问题是有解的、怎么在回答模糊问题时取得实质性的成果……伯林在他的牵引下，也讲得非常好，要言不烦，把哲学究竟是什么学问说得很清楚。

麦基的很多问题绝对不是抛砖引玉而已，他有质疑、追问，甚至是挑战。比如他跟马尔库塞的对谈，几乎要争论起来。在我们的电视节目里大概不会有这样的情况，主持人怕"嘉宾"不配合、怕领导不高兴、怕自己的位置不保，只能按部就班，虽然话说得大致上没有智慧的含量，但保证没有什么错误。当然，我们更要佩服的是那些思想家们，他们在自己的领域是真正的元帅，几个挑战性甚至挑衅性的问题是不会难倒他们的。不如说，正是有挑战气氛的对话，激发了他们思考的能量，他们说出了很多有意思的话。

例如伯林说："架在城堡上面的机枪大炮，用来吓唬任何潜在的敌人，但城堡本身并不复杂。"马尔库塞说："艺术是独立于现实原则的，它所召唤的是人们对解放形象的向往。"艾耶尔说："'那家伙是裸体的'这一概念对于从事任何专题研究的年轻人都是令人振奋的和有吸引力的。"想象着这些世界第一流的大脑在电视上说这样的话，就不难发现我们在思想观念方面不知道落后多少年，因为在我们的电视上出现的是另一些人和另一种陈词滥调……

乔伊斯的《一个青年艺术家的画像》

　　20世纪的七八十年代，中国的文学界真是谦虚好学，诸多文学流派都被引进介绍过来了。与此同时，也出现了大量的模仿之作，甚至慢慢出现了某种程度上的创新。这跟今天鲜有探索性的文学局面相比，多少会令人有一些今昔之慨。

　　过去的读者观众遇见不懂的艺术，会首先检讨自己是不是孤陋寡闻。现在不会这样了，所有人首先想到的是自己作为消费者的权益是不是被冒犯。姜文拍摄了一部叫人"不懂"的电影，叶大鹰因此夸奖他勇敢。姜文无非是想在表现手法上有所着意吧。"不懂"是一个很大的问题吗？乔伊斯的小说几乎都是无法读懂的，甚至连专家也要不断重读，才知道他可能是什么意思。但他的小说几乎都是经典。

　　乔伊斯不会有什么喜闻乐见的服务意识，不会有现在什么比较流行之类的市场考虑。他的小说销路之差，可能创了纪录，今天的出版社断不会考虑推出这样的作品了吧。支配乔伊斯的价值观大概是探索和认识。我们意识世界的原生态是怎么一回事，这是乔伊斯感兴趣的。过去很少有人描写意识状态，这除了需要理论的支援，更需要用一种独特的禀赋去实现，恰好乔伊斯有这样的禀赋，他有一种"灵悟"的能力，据乔伊斯自己解释，"灵悟"是"一事、一物、一种景象或一段难忘的思绪""在精神上的豁然显露"。按照我的理解，"灵悟"大概是省略逻辑推理直接了然全部关联……

《一个青年艺术家的画像》（外国文学出版社出版，1983年）是乔伊斯初次展示他"灵悟"能力的一本书。热衷故事的读者一定会失望，因为这本小说并不供应故事。你甚至可以说这本书没有"什么事"，它只是一些见闻，一个青年人对最新见闻的反应和感受，就像乔伊斯在书中所说："他在他的记忆的语言中，尝到了琥珀色的酒、在死亡中纷纷下落的甜蜜的曲调和骄傲的宫廷舞的味道，他通过他记忆的眼睛，看到温柔的高贵的妇女们在科文特歌剧院的阳台上撮起嘴对别人调情……"记忆的语言，乔伊斯的"灵悟"是在"记忆的语言"中完成的。

在人生、在世界、在生活之外，建立另一种人生、世界和生活，如果说我们的生活就是这样转瞬即逝的，那么，"另一种生活"都要在记忆的语言坐标系中被确定、被辨认、被抓牢。乔伊斯的记忆语言不完全指向外部世界，而有自己的意识流："一个小姑娘站立在他前面的河水中，孤独而又宁静地观望着远处的海洋……她细长的光着的腿像白鹤的腿一样纤巧而洁净，除了一缕水草在她的腿弯处形成一个深蓝色的图案之外，再看不见任何斑点……"这段文字是说到乔伊斯的人不能不提起的，这不是客观形象，而是乔伊斯灵悟的产物。

对于乔伊斯这样的趣味，以及被本能的愉悦抓牢了的现代读者当然是无从理解的。他们多半会说："这有什么意思？"确实，一切已经越来越没有意思。

孙隆基的《中国文化的深层结构》

孙隆基的《中国文化的深层结构》初版于 1983 年。2004年 5 月由广西师范大学出版社再推出。在新千年版的序言中，作者相信本书的"时效"还在，这是因为"独异"的思考角度，使本书具有了永久性的价值。所谓的"独异"，首先在于作者要寻找的是"深层结构"。"深层结构"包含中国历史上比较稳定的某些规律，有能使中国在历尽变化后仍然保持自身特殊认同的因素。

一个文化的深层结构，跟它的"良知系统"密切相关。"良知系统"跟遗传系统相对，乃是一个人工世界或文化世界对人的"设计程序"。孙隆基指出中国人的"良知系统"是静态的，主要是维持结构的平稳与不变。而西方的"良知系统"，则是动态的，是一种权力意志的无限冲动，因此西方文化在人类历史上第一次把不断成长、不断改进的意向带入各个方面。

具体而言，中国人的"良知系统"由"身"与"心"组成，由人人定义。中国人对"人"的定义是社会关系的总和，舍掉关系，再无个人。"仁者，人也"，就是用"二人"定义"一人"。这个"一人"有身，却无精神性，有"心"，但主要是一种与别人之身产生的"心意感通"。"心"是一种情感，中国人的思想、知性活动，都有一种"情感化"的倾向。中国人虽然以情感为本，但强调对情感的控制，以别人之心控制自己之心，故中国人虽然重情感，但并不感情用事，这也是中国人的"良知系统"的一大特色。

中国人注重人际关系，花很多时间去搞人际关系。在人际关系的设计上，强调模糊个体，强调和合性，强调以对方为重，强调温情主义，强调被群体接纳，强调跟群体融在一起。

中国人的身体意义主要是一个传宗接代的工具，性的需要被刻意压低，无性以及被压抑的性，被一些人视为纯洁。中国人也缺少"私人状态"，相应的，私人意识以及隐私权概念也非常欠缺。中国人的人格是"自我压缩"的，多少有点"植物化"。

在对外关系方面，中国文化结构的意向只是"镇止民心，使少私寡欲而不乱"，故自我设限，拒绝外来影响。主观上愿意锁国，开放大致上是被迫的。因此，世界史一直是"他们的历史"，中国则不是世界史的一部分。中国人又以一种"类型化"的思路将外部世界区别为等级、层次、类型，依此决定亲疏远近，而"夷夏之防"，是一个大问题。

孙隆基的此书是本大书，上面所及不过略述重点而已。记得初读《围城》，被里面一些嘲讽刺得心惊肉跳。现在读孙隆基，虽然没有心惊肉跳的反应，但其一针见血地揭破，入木三分地分析，毫不留情地反省，理直气壮地论述，仍然有雷击感。不过，这本书篇幅过大，理应压缩；书中有大量来自生活的观察和例证，理应精简。另外，作者视良知系统为深层结构，为河床，这个结构或河床是如何形成的，存在的历史条件是什么，理应说明……但这可能是另一本书的内容了。

许倬云的《中国文化与世界文化》

王小波在美国匹兹堡读书时，受教过许倬云，这间接地增加了一些人对许倬云的了解。不过许倬云的著述在国内出版，也是很早的事情了。比如我手头有一本《中国文化与世界文化》，就是贵州人民出版社 1991 年 4 月出版的。

某年深圳读书月期间，有人提议邀请许倬云来讲讲学，这当然是一个很好的愿望。但许倬云已经近 80 岁的高龄，而且是残障人士——后面这一点似乎知者不多。假如在我们的文化圈里，一定早就把他树为身残志坚的典型了吧。

《中国文化与世界文化》这本书，许倬云自己称之为"杂文"，就不是供专家研读的高头讲章，但其实也很专业，而且是他研究成果的精华。这本书适合许多人读，比如，搞房地产的人也可以看看下面这句话，许倬云说："我理想中的居住环境应当是一个半公寓，其中半个公寓属于老亲居住，老亲住在子女附近，与子女有来往，却又仍旧保持其独立的生活，老亲也可以分担照顾幼儿的工作，则代际的分工，可以使家庭单位保持不坠。"

中国将来是老年化社会，有许倬云类似想法的人会越来越多，将来的房屋设计会不会满足这种需要呢？

书游记

《士兵突击》里的许三多说："我不玩牌，玩牌没有意义。"连许三多都要讲意义呢。许倬云这本书的最后一文是《我们生活的目标》，是专门谈生活的意义的。我喜欢他在结尾处说的话："寻找生活的意义不是了不起的大事情，寻找生活的意义只是过一个日子，过一个砍柴提水、淘米煮饭、写字读书的日子。当你晓得这日子是有意义的时候，生活本身就不再是枯燥，不再是平凡，也就跟任何建大功、立大业一样伟大了。"

但一般人过的生活也正是这样，只是未必能够随时觉悟自己的意义。所以前面许倬云娓娓道来，如说，意义这个东西，一是要繁殖、保种，二是要自己活得好一些。这个所谓的"好一些"又因文化的见解有所差异。

海外新儒家似乎没有把许倬云包括在内。许倬云却是儒家的信徒。说到人生的意义时，他没有忘记谈及人与自然的关系，也就是人天关系；人与别人的关系，也就是人与群的关系；还有就是人与自己的关系，就是人我关系。人天关系，要敬重自然；人群关系，要遵纪守法；人我关系，主要是珍惜自己的以及别人的生命，生命又分部分，其一是身体，其二是心智，其三是灵性。

可以说许倬云的这些意见卑之无甚高论，但我们要联想到他是一个残障人士，他在砍柴提水、淘米煮饭、写字读书的日子中，对历史学的研究贡献很大，这些话也就有别样的意味了。说到这里，我挑剔一下许倬云，他没有把人生最吃紧的东西说出来，至于这个东西嘛，我倒是想起了许三多……

徐梵澄的《陆王学述》

　　中国哲学乃至全部中国学问的一大特色，我以为就要以身体作为平台，一定要有此身作为基础。我们看古希腊的哲学，都是从概念入手，哲学家个体的情况基本略而不论。又如说，西哲也有唯心主义，但他们的唯心跟中国哲学的唯心相差很远。约言之，则西哲的唯心是概念的客观化，中哲的唯心是心性的本体化。

　　近读徐梵澄的《陆王学述———系精神哲学》（上海远东出版社出版，1994年）一书，越发觉得上面的推想是有道理的。有关这一系由王阳明首创的精神哲学，日本人称为"王学"，徐梵澄又称为"古学""理学""心学"，他说研究这一学问"其所谓真困难者，在着实见道。这是讲学家的通病，终其身在思智中转，在语言中求；结果，其造诣臻极到朱晦庵而止。到晚年难免生悔"。

　　"着实见道"四个字是什么意思？我以为，这个"着实见道"不是概念层面上"知不知"的问题，而是心性层面上"能不能"的问题，或者说是"悟道"的问题。一个人"见道"没有，王阳明说看这个人的眼睛就知道了，这就是有此身作为依

书游记

凭的。至于王阳明自己，据说他有遥感或者预知的能力。一日王阳明在山中静坐，说有人来访，于是早早派遣仆人下山迎接。王阳明为什么能遥感预知？徐梵澄有一番解释：弥漫宇宙人生之间的是一大"知觉性"，这个知觉性是体，生命的活动是用。体用不离，这就是"体一"，但每个人的知觉性不一样，这就是"分殊"。每个人都被这个知觉性所包裹，但健全人的这个知觉性比较充实，而要使之充实，就需要静心，静则生明。王阳明长年习静，习静的最好办法就是"去私意，存天理"。通俗点说，就是把"分殊"的部分减少，把"体一"的部分扩大。

徐梵澄又认为，弥漫于宇宙人生的知觉性分为许多层级，最下级的冥顽不化，最高级的至灵至妙。习静修道的过程，就是一个把"私意""人欲"去掉，使"人心"减少、"道心"增多，于至灵至妙的知觉性合而为一，也就能够像王阳明那样未卜先知了。徐梵澄的"着实见道"大概就是这个意思。

所以这个"精神哲学"跟黑格尔的精神哲学完全是两回事。徐梵澄说："精神是超乎宇宙为至上不可思议又在宇宙内为最基本而可证会的一种存在。"这里最值得留意的是"证会"这个关键词。我在大学读中国哲学史，没有一个老师说到过中国哲学的这个特点。很多人的书都是讲道理、谈概念，却很少涉及"证会"。"证会"就是要通过自己的修炼，通过心性层面的努力去体会的。

当世哲学家滔滔，能够讲出这个关键处的，似乎也就徐梵澄一人而已。这不能不令人另眼相看。

清少纳言的《枕草子》

中国人的道德感多强于美感，日本人则反之。这个岛国的国民可以为美而死，为美而不伦，文学作品中表现得很多，事实也很多。有人说是由于樱花的缘故，樱花的灿烂、敏感、短暂，让日本人找到了可以仿效的自然对象，对日本人性格的养成影响颇大，这个说法可能是有道理的。

文学在塑造国民性格上或许有更大的作用，越是早期的文学越具有一种近乎基因的遗传性，不过这是一个过于复杂的话题。比如说，日本散文的鼻祖《枕草子》出自一个女人，而小说的创始人是另一个女人，日本文学本质上是母性的——于是日本有川端康成那样阴柔的作家——这跟中国文学的鼻祖几乎都是男性并且并非是纯粹的文学家形成强烈的对比。男性不免是一种功利的、自以为铁肩担道义的，或者就是必欲深刻而后快的文学动物，而女性就感性、直接多了，敏感、细腻多了。男性用头脑思考，女性用身体感受，谁比谁高明，真的是天知道。

遍观中国文学史，我们看不见跟清少纳言的《枕草子》类似的作品。清少纳言热衷于美、热衷于好玩和有趣，热衷于东家长西家短的日常八卦，她卑之无甚高论，兴之所至地写看见的、听见的、想见的一切，一点也没有把事情动辄上升到形而上的不良苗头，更绝少说教。与此同时最为难得的是，她的趣味是优雅的、清新的、机智的，于是又恰到好处地避免了妇女同志们一般难以避免的鸡零狗碎和庸俗无聊。

想象一下，她一定是元气充沛的人，元气充沛的人总是兴头满满、情致高昂的，她也许有矮圆而结实的身段，敏锐而快捷的眼神，这样的人不大容易被生活消耗掉。她当然不可能像林黛玉那样楚楚动人，因此也没有林黛玉伤春悲秋的调调。她丝毫没有写书只为藏之名山、传之其人的野心，写作是一种消遣、游戏、娱乐，多半是由于写的时候常常要笑起来，于是就勤快地写下去，快活是对自己的犒劳，所以，写出来的文字是不是文章，完全不在乎，是文章就是文章，不是文章就不是文章，是文章也——简直有一种与生俱来的达观。比如说，下面这样的文字，非常值得现在的语文老师们看看："山：小仓山、三笠山、勿忘山、入立山、鹿背山、比波山、方去山，不知为什么，都觉得很美。"

这是文章吗？这不是文章，这是自由。清少纳言有些像现在网络上刚刚开始爱上写博客的女子——她的文章真像"博客体"，而"博客体"的本质就是想怎么写就怎么写——不管怎么着都扯几句，反正也不在乎有没有人读，自己高兴就好了。她写的《眷恋的往事》就有这样的闲言碎语："眷恋的往事有：玩偶节游戏时的道具。叠袖而眠，心有好梦。发现夹在书本里的二蓝和葡萄色的布头碎片。阴雨落幕之日，翻出当年曾经喜欢过的人的书信。枯萎的蜀葵。去年夏天的团扇。月明之夜。"

清少纳言的晚景凄凉，她离婚，再婚，再离婚，然后削发为尼。但没有为日本文学留下一部忧伤之书，这是令人欣慰的。

罗素的《走向幸福》

据说智商高的人容易罹患忧郁症之类的精神疾病。维特根斯坦一辈子都处在精神疾病的边缘。而罗素在5岁的时候，就开始厌倦尘世。青春期的罗素一直在自杀的道路上徘徊，"我之所以终于没有自尽，只是因为想多学些数学。"罗素说。应该是求知欲拯救了他，罗素不仅没有自我了断，而且彻底逆转了悲观厌世的趋势，成为一个幸福的人。

我们都是俗人，我们都把幸福当作是一项正面的追求。尽管有人把不幸当作是一种生活情调或者人生美学，甚至把自杀变成一种"行为艺术"，但那毕竟是极少数。不过，事实上，很多人得到的似乎始终是不幸。对这一司空见惯的事与愿违的情形的关注，使罗素写出了《走向幸福》这本书。罗素说："我是想提出一种对文明国家里绝大多数人遭受的日常不幸进行医治的处方，这种不幸由于没有明显的外部原因，因而使人更加不堪忍受。我认为，这种不幸在很大程度上是由于对世界错误的看法、错误的伦理观、错误的生活习惯所引起，结果导致对那些可能获得的事物的天然热情和追求欲望的丧失，而这些事物，正是人和动物的一切幸福、快乐最终有赖于它们的。"

让我们快速地浏览一下罗素的处方吧：他强调热情的重要，还有真正彼此关注的情爱；你要有信仰、工作和兴趣；你要知道人的伟大与渺小，因此不要过于关注自己或者放大自己；你要恪守中庸之道，在各种生活之间维持一种平衡……

另一方面，罗素不赞成过分自恋、自夸、自责，不认同清高，不主张有太强烈的竞争心，他还对嫉妒、疲劳、舆论的恐惧等表明了自己的见解。他对厌烦的谈论耐人寻味，因为"人类所犯的罪恶中，至少有一半是出于对厌烦的恐惧所引起的"。

当代人忍受厌烦的能力较之罗素的时代无疑是大大地下降了。流行的文化强调高潮、娱乐不妨至死、追求强烈的兴奋、夸耀所谓的精彩纷呈，寂寞和无聊似乎是可耻的。但罗素指出："一切伟大的著作都有令人厌烦的章节，一切伟人的生活都有无聊乏味的时候。"他说，伟人的特征就是过平静安逸的生活，他们避免那些使人身心更加劳累的娱乐活动，唯一的例外是在假日攀登阿尔卑斯山。

因此，他尤其注重培养小孩子忍受厌烦的能力，反对带着小孩到处旅游形成五花八门的印象，不主张给小孩太多的娱乐，因为要让他们习惯过日复一日的单调生活，要他们从小就懂得唯有寂寞才能使人有所创造，美好的事物总是伴随一定程度的单调乏味。罗素不无忧虑地指出，"一代不能忍受厌烦的人将是一代小人"，而我也想指出，现在很多家长正在把自己的孩子培养成罗素担心的那种小人。

熊秉明论诗

熊秉明是学哲学的，后来出名则是雕塑。不过他对诗歌的兴趣也很浓厚。《熊秉明文集》（文汇出版社出版，1999年）四卷当中，有一本是《诗与诗论》，可见他在诗歌方面是下了很大功夫的。

诗是困难的东西。古人说，诗无达诂。在某种意义上说，诗歌一出现就具有"后现代性"——因为它是一种供书写的文本，而非仅仅供阅读的文本。

台湾诗人林亨泰有一首诗，历来都是坏诗的典型，一般用来说明现代诗之荒谬，现代诗人之荒谬，这首名为《〈风景〉其二》的诗是这样的：

防风林的
外边还有
防风林的、
外边还有
防风林的
外边还有

然而海以及波的罗列

然而海以及波的罗列

就这么一首小诗，熊秉明写了数万字来分析，有语法分析，有词汇分析，有句子之间关系的分析，有诗歌的音乐性的分析。诗无达诂并不等于就可以满足于无解，只不过一切皆有可能，答案不是唯一的。熊秉明的意见有些我没有兴趣，省略可也，有些说法是很有道理的，比如说："如果读者想在这首诗里寻找古典主义的美，或者浪漫主义的狂热，或者象征主义的神秘，或者写实主义的训诫……当然要失望的……这诗没有这些。林是林，也只是林；海是海，也只是海。世界处在一个存在的起点上。诗要求把握的世界的基本存在形式。文明或者可以说是一种'存在主义的意象'。在这基本存在的阶段，感情犹未萌起，色彩犹未发生，世界尚未华丽，也尚未悲惨，戏剧尚未开演，但有了屏息开演的紧张。"

上面的这个解读令我想起熊秉明的另一篇文字《看蒙娜丽莎看》，那是名篇。有知识准备的人，有专业修养的人，其阅读往往就是书写，并且确实不同于我们这样的普通人，他们能够看出我们无法察觉的奥妙。

在进行上面那些解读之后，熊秉明意犹未尽，想到这首诗是可以谱曲的。于是他真的动手，就算对音乐的技艺所知有限。他对他的作曲进行了详细说明，哪些地方应该用休止符，哪些地方应该高音，哪些地方应该低音，哪些地方急促，哪些地方和缓，都——说明，如何轮唱、合唱等，也都讲了他的道理。

如果说，熊秉明能看蒙娜丽莎看，我们似乎也不妨思熊秉明思。熊秉明在他的诗论里，不光是呈现结论，而且表现思考的过程、方式和角度，这些可以帮助我们理解一个艺术家是怎么思考和工作的。

而且，他还写诗。有些诗歌具有实验的性质，比如把李白的《静夜思》写成一首漫长的诗歌，然后又减缩为四个字：月、霜、望、乡。他的诗《信》是这样的："昨天母亲来信说 / 我好 / 你好吗 / 我给母亲回信说 / 我好 / 您好吗。"他还有一首诗《心肝》是这样的："妈妈，我冷 / 妈妈，我饿 / 妈妈，我睡不着 / 妈妈，我怕 / 妈妈，妈妈……"

这样的诗，现在的评论家见了，一定会兴高采烈地把它们选入庸诗榜。但我想，熊秉明这样写，一定有他的"理据"，一定可以拿出长篇大论来论证。面对熊秉明这样的大家，我想起某个禅师的教诲，我们要把脑子空出来，像一个空的杯子。

伯格的《观看之道》

到南方遭受雪灾的地区观光的游客，被当地的住户投以白眼。雪景当然是美的，但灾民无法像平时一样漠视那些仅仅为风景远道而来的人们。

这不是一个审美的恰当时机。观看确实是有道的。在网上寻找一个叫陈冠希的艺人拍摄的影像，也存在着违法还是不违法的争议。前两年还有人因为在家里看A片被拘留。

上面两个例子其实不是一回事。前者涉及观看的策略，后者涉及的是观看的权利。约翰·伯格的《观看之道》一书（广西师范大学出版社出版，2005年）提出，观看首先是一种权利。

伯格说："倘若有人妨碍我们观看它，我们就被剥夺了属于我们的历史。谁能从这种剥夺中获益呢？"我们应该能够想象到，历史上很多禁止他人观看的人自己并非不去观看。他们热衷于把观看变成一种特权。

记者是我们延伸的眼睛，带着照相机，在我们无法亲临现场的地方行使我们的权利。现在又有数千万倍于记者的游客，几乎每一个游客都带着照相器材。收藏影像的活动，比积累财富的活动来得更加狂热。

撒开权利不去说它，照相机提供的也是一种观看之道。苏联的导演维尔托夫说："我——这部机器——用我观察世界的特有方式，把世界显示给你看。"照相机因此让人沉溺，热衷把自己的活动转化为影像的人不在少数。仅仅以当事人的身份无法令其满足。他们要像照相机那样看自己。

观看人的身体至少在目前也是惊世骇俗的。也因此，《观看之道》一书的第三章特别有意思，它谈论的是男女的观看之道，当然要涉及裸体和裸像。它说男女的差别：男人的风度基于潜在力量，虽然可能是虚张声势，但使人联想起他有能力为你效劳或者应付你；"女性的风度是深深扎根于本人的，以致男性认为那是发自女性体内的一种热情、气味或香气。"也就是说，男性的风度是附加的，女性的风度是自有的。

伯格说："男性观察女性，女性注意自己被别人观察……女性自身的观察者是男性，而被观察者为女性。"仅仅就观看而言，女性是一身二任的：她既是观察者，又是被观察者。既是男性，又是女性。这解释出为什么女性也会观察甚至欣赏别的女性。当然，现在情况有变，女性也开始把男性当作观察者了。观看之道的男权主义正在被改变。这些话也很有意思："在目睹了裸男或裸女之后，也就使我们自认与众不同的意识，完全烟消云散了。原来，他们与其他天性的分别不大。这个发现揭示出：裸体时，大家热情友好，而不是冷漠无情的无名氏。"我只能说这些话有意思，却无法验证这个意思。身体是我们的本我，衣服还是我们的超我。多数时候，还是超我在统治着本我吧。

刘义庆的《世说新语》

我有两个版本的《世说新语》。一本是上海古籍出版社根据光绪十七年思贤讲舍刻本影印原书版，1982 年 11 月出版，全两册，定价 3.95 元。我是 1983 年 4 月买到的，扉页上我写了一句"此书是季羡林所喜十种书之二"，现在亦忘记季老喜欢的是哪十种了。

另一个版本是中州古籍出版社 1994 年 10 月出版的文白对照全译本。定价 13.60 元。老实说，我读是书，多从这个全译本，影印本读之太费劲，只能摸摸罢了。译本的封底广告做得很轰动，说"宋太祖赵匡胤、元太祖成吉思汗、明太祖朱元璋、清圣祖康熙等历代皇帝将此书列为治国、治人之根本之书……毛泽东也在给其子女的信中一再要求他们要定期严加细读……"云云。

影印本说"《世说新语》是……笔记小说集，反映了魏晋期间士族的放诞生活和清谈风气。此书语言精炼，辞意隽永"。全译本说"该书取史翔实，记叙简练，启人之智……鲁迅先生称之为志人小说之集大成者"。这是小说吗？很有意的问题。

其实照我看，它就是一本琐屑录。不过，琐屑不是贬义。

书游记

是书《赞誉》篇里说，"胡毋彦国吐佳言如屑，后进领袖"。锯木出屑，形容妙语警句之纷至沓来。钱锺书亦说他的《管锥编》是竹头木屑，是自谦乎，抑或不是自谦乎，何妨参照这里的锯木出屑来领悟。智者的小谦虚里往往掩藏着不留痕迹的大骄傲。

读这样的书令我们想见古人其实也好八卦。比如《俭啬》篇里说王戎俭吝，他侄子结婚，也只送一件单衣，后来还索要回去了；又说这个家伙既富且贵，还精打细算，常常跟老婆一起"烛下散筹算计"；还说他卖李子，"恐人得其种，恒钻其核"；他的女儿出嫁后跟他借钱，回家后王戎"脸色不悦，女遽还钱，乃释然"。

如果都是这样的记录，这本书恐怕要传世也难。其实即便如上面那样的描绘，重点也在品评和鉴赏上，这是艺术的态度，而非长舌妇之搬弄是非。比如《雅量》篇里说豫章太守顾邵死在任上，他的父亲顾雍正"盛集僚属自围棋"，得知噩耗时神气不变，"以爪掐掌，血流沾褥"。作者颇欣赏这类喜怒不形于色的风度。如说谢安得知捷报消息时，正在下围棋，"意色举止，不异于常"。

因此，刘义庆的《世说新语》，先是一本有关人物品味、风度、格局的鉴定标准书，也是一本供士人进行比照的教材，然后才是一本消闲解闷的闲书。但我以为，这本书最有价值的地方在于把人物的风度上升为审美的对象，把超功利的美学趣味作为人格修炼的一个重要方向，这就为中华文化别开了一个大大的生面。

马内阿的《论小丑：独裁者和艺术家》

诺曼·马内阿童年时进过集中营，青少年时热爱过当时流行的社会理想，成年后放弃建筑工程师的专业改习文学，50岁定居美国，但坚持用母语也就是罗马尼亚语写作，后来获奖无数，作品被认为是我们这个时代罕见的精品。我仿佛在什么地方看到有人说，他是诺贝尔奖的热门人选，获奖的希望在昆德拉之上……

他的论文集《论小丑：独裁者和艺术家》并不是一本容易读懂的书。迅速地找到他的关键词也许不是难事，比如他说艺术家对"大野兽"向来只能面对而无法驯服，但他可以用小说进行报复，那就是戏讽。"戏讽"就是他的旗帜，仿佛"延宕"是昆德拉的旗帜。这些东欧人，经历的不仅仅是聂鲁达所谓的"沧桑"，他们坦承自己惯用的反抗的方式，乃是一种"分寸"。

跟书同名的还有一篇文论，副题叫"读费里尼有感"。文章是从谈两个同时代的人物开始的，一个是希特勒，另一个是卓别林。希特勒是独裁者，卓别林模仿过这个独裁者，用一种戏讽的方式。这个事实并不重要，重要的是，在马内阿看来，独裁者和艺术家是某种类似的人，他们都懂得利用民众的欲望、脆弱和轻信。他们善于利用局外人渴望介入的需要。独裁者、艺术家、民众，这是任何一个"马戏团世界"的三位一体。

但马内阿更愿意用一个名字来称呼艺术家，那就是"傻瓜奥古斯特"，这大概是某份小报的一个幽默小品当中的人物。至于独裁者，又称他为"白脸小丑"。傻瓜把软弱转变成一种非同寻常的暗藏力量，把孤独变成凝聚力，把想象转变为接近现实的捷径。白脸小丑则把软弱变成权力，把恐惧变成自负，把他的疾病变成暴力和闹剧。白脸小丑可能是傻瓜奥古斯特变成的，但白脸小丑却无法变回为傻瓜奥古斯特。马内阿没有说明原因，我觉得原因就是：傻瓜甘于卑微，这正是傻瓜为什么"出色"的秘密。

不过，傻瓜并不能够永远维持其傻瓜的身份。傻瓜的悲剧在于他不仅仅表演滑稽剧，到后来他自己成为其中的一部分，幻觉和现实之间的界限开始消失，到后来拥有真正的"精神病状"。马内阿的深刻在这里：权力小丑的荒谬仅仅只是某个时候才被小丑发现，随着这种荒谬的无所不在，傻瓜戏讽的感觉和意识都将消失殆尽。

马内阿不像流行的畅销思想家那样，一切都是有结论的、明晰的、光明的。不。我后来发现我之所以不大读得懂他的文字，是因为他自己也不能够为发现的问题给出答案。他清楚其中的一小部分，在何种情况下我们将会如何。这是诗人的清醒，这个清醒的名字叫"孤独"。它是马内阿是另一面旗帜。

杜维明的《〈中庸〉洞见》

台湾人说陈水扁是坏蛋，马英九是笨蛋。说马英九"笨蛋"，令我想起《中庸》中所谓的"肫肫其仁"。有人问马英九年轻时性欲勃发怎么办，马英九说就去冲冷水澡，并读《中庸》。既当选，马上声明要"戒慎恐惧"，假如我们对《中庸》一书一点概念都没有，就不知马英九所云。

古人的文章，多半是天上一句，地下一句，中间的逻辑论证环节能省就省，好处是诗意盎然，但也有不好之处，那就是成心不让你一读就懂。对于快餐文化时代的人们来说，若想尝尝《中庸》的味道，哈佛教授杜维明的《〈中庸〉洞见》一书值得看看。当然，这不是一本入门书，杜维明解《中庸》不是我们惯常见到的逐字逐句地解释，他是"诠释性而非注释性的"，首先呈现其"内在结构"，然后进行深度诠释，最后论述其宗教性。

杜维明抓住该书三个互相补充的领域——君子、信赖社群和道德形而上学——勾勒其内在结构。这大致也是"人道"——何谓人、"地道"——何谓社群、"天道"——何谓终极存在的逻辑走向。

君子需要具备一种个人修身的学问。人生下来就是人，但人生所包含的种种可能性需要人不断去实现，如是才可以成为至人、超人、神人。君子的修行之道是"慎独"，杜维明说作为一种精神修养，"慎独"不是追求原子般的个人的孤独，而是"意在上升到作为普遍人性之基础的真实存在这个层面"。我认为"慎独"也可以这样理解：始终用一种自觉意识观照自我。

但君子不能脱离人际关系，于是就有个人的精神寻求与社会责任如何协调的问题，这就是信赖社群。杜维明对于"孝"的诠释富于创见，他认为"孝"就是要"对先祖先宗所表率的理想人格的承继，对本家族杰出成员所创造的文化价值的续程"。换言之，继往开来就是中国人最高的"孝道"。

道德的形而上学可以见之于对核心概念"中和"的诠释。关于这两个字，杜维明说，"我们可以把'中'设想为存有的终极依据，即'天下之大本'，而把'和'设想为它的自我表达的展现过程，即'天下之达道'"。

杜维明对《中庸》的诠释，最后落实到儒学的宗教性上。也就是解决这个问题：儒学具有的宗教性意味着什么？或者，何谓成为宗教的人的儒家取向？在宗教层面上，儒学探讨的是人的"终极的自我转化"。其中，"人性"是最小公约数，"终极"是人性最大程度的实现。这一"终极的自我转化"过程，除了要"慎独"，还要经过家庭、社群的途径，最后完成人的超越。

因此，杜维明先生之诠释《中庸》，实则是为中国人找一本属于自己的《圣经》吧。

贝克特的《等待戈多》

1980 年 12 月由上海译文出版社出版的《荒诞派戏剧集》首印就是 7000 册，后面会不会加印我没有追踪，但我认为是非常可能的。那是一个好学的、好奇的、好事的年代，甚至连萨特的书都会畅销，这在今天当然是不可思议的事，今天畅销的书是金庸们、于丹们、韩寒们创造出来的。

集子当中的四个本子是贝克特的《等待戈多》、尤奈斯库的《阿麦迪或脱身术》、阿尔比的《动物园故事》和品特的《送菜升降机》，都是荒诞派戏剧的代表作。当年买回这个集子就无法把它们逐字逐句读完，现在也还是这样。我不喜欢这样的作品，这种不喜欢首先是生理上的。

我的一大特点是能够把自己的生理信号撇在一边。我没有那么重要，我不是万物的尺度甚至也不是某一物的尺度，我不自恋，因此，不喜欢的东西更应该成为我的认识对象。在这一点上，我信奉斯宾诺莎的一个观点，他说："不要哭，不要笑，而要理解。"但似乎绝大多数的人信奉的是另一个主张，那就是，就要哭，就要笑，就不要理解……

如果我们曾经知道文艺、文学是什么，那么，荒诞派就

书游记

不是什么。我们还知道文学要干什么，荒诞派刚好就不要干什么。不妨以贝克特的《等待戈多》为例。文学要提供希望吧？不，它提供绝望。文学不是要鼓劲吗？不，它就是要泄气。文学要让人满足、愉悦不是吗？也不，它要你难受、不安。过往的文学如果制造了难受和不安，那一定是要包裹在某种甜蜜里，不会这么赤裸裸。一切过去的、属于文学禁忌的东西，刚好在《等待戈多》这里成为主角。按照惯常思路，它将被鉴定为垃圾而非精品，但它却获得了广泛的好评，成为西方戏剧的经典，并使贝克特最终获得了诺贝尔文学奖。

在某种意义上讲，不喜欢、看不懂这部戏都意味着你喜欢了也看懂了这部戏。因为贝克特就是要呈现一个陌生的环境，就是要展示沟通的无效，就是要揭示生存的无意义，就是要证明人的知行无法合一，就是要表达希望的虚妄。它是偏执的、极致的，甚至病态的。正因为此，它可以成为一个用以观照我们现实世界的坐标。

我也许仍然在习惯性地误用我的理性。我也许还很不恰当地把这部荒诞戏剧纳入我的秩序。这真的是很不"禅宗"，也很不"荒诞"。我觉得他描绘的是上帝死了、人死了、作者死了、语言死了之后的情形，但潜台词反倒是更加肯定了另一个方向，相反的方向，这是多么隐蔽的、根深蒂固的达观啊。绝望之为虚妄，正如希望相同。不，也许根本不应该这么快就联想起鲁迅的话，我们应该时不时地在陌生的世界里失一会儿语……

米切尔的《伊托邦》

　　书本或许从来就不是一个进入美丽新世界的最好路径。早在1985年，我在波兰哲学家沙夫主编的《微电子学与社会》一书当中窥见了即将到来的"信息社会"，但我看见的不过是一种闪烁着微电子的微茫光亮的冰冷所在。1997年，我在尼葛洛庞帝的《数字化生存》一书中读到了他对信息世界感性的、近乎画幅般的描绘，但最后留在我的脑海的，只有"原子"和"比特"之类抽象的概念……

　　最好的路径跟你的爱好有关。事实上，让我真切想象E时代的是这样一则新闻：那应该是在20世纪的90年代中期了，当时中国的顶尖国手马晓春跟当时韩国的顶尖国手刘昌赫利用网络远程下了一盘围棋。这真是一件令人兴奋的事情，我们将来有机会跟远在天边的朋友手谈了吗？刚刚积累的一点点网络知识让我从"费用"的角度感叹，昂贵的网络围棋离我恐怕极其遥远。我当然没有料到，新千年的前夜，我就已经跟网络围棋结了缘。一个空前好玩的玩具那么轻易就到了手上。那不仅仅是对弈之乐，而且有一种绝对新奇的感觉。我最早曾在日本的熊猫围棋网上出没，对手来自韩国、日本、泰国、美国、波兰等国。最后选择常驻新浪网下围棋，其中一个主要原因是因为那里的界面有能酷肖真的棋盘和棋子，还能发出棋子打在棋盘上的那种独特的响声。我曾经在一篇文章里写到网络是为围棋准备的，我的"数字化生存"是以围棋的形式展开的，"闲敲棋子落灯花"的古典意境呈现在电脑屏幕上的魔力那么难以抗拒，因此花掉了太多宝贵的时间。

我知道另一些人按照自己偏好的路径进入信息世界，其中相当多的人是聊天，准确地说是跟异性聊天。我身边不止一个人利用网络聊天的方式缔结了良缘。我的一个前同事曾经在网上结识异性，在网下亲近真身，就这样他居然走遍大半个中国。我的第一篇有关网络世界的文字就是因"网恋"现象而生发的。在《网恋：免却肉身的情色男女》一文里我提出了"世界4"的理论。我写道："英国哲学家波普尔曾经把全部存在划分为3个世界。世界1是物质世界；世界2是精神世界；世界3是文本世界。按照波普尔的划分逻辑，我们可以把网络称之为世界4。显而易见的是，世界4是一个全新的类型。它不同于世界1，因为其中贯穿着人的意识；它不同于世界2，因为网络为它提供了一个物质性的框架或平台；它不同于世界3，因为它有一种'及时的互动性'。虽然有不少人把它称之为'虚拟世界'，但这并不是一个准确到位的说法。由文字、符号、图形建立的世界才是完全的虚拟世界，而网络是半虚拟世界。网络的魅力基本在于此。"

我觉得还应该再次强调这个美丽新世界就是"世界4"，

还有非常多的人不明白它是半真实、半虚拟的一种奇妙的混合，试图截然区分两者是多余的而且是无趣的。即使将来实现了实名制，但仍然无法改变它"比特"的属性，或者说"非物质性"。最近的十多年，能最快速扩张的不是高速公路，不是GDP，而是"世界4"，而我所在的城市速度似乎更快一些。我们的身边出现了许许多多"半人半神"之辈，他们的肉身沉静安详地显现在电脑屏幕前面，但他们的神识借助于"比特的翅膀"则在"世界4"里精骛八极，心游万仞。他们跟自己的QQ和MSN上在线的人或不在线的人比邻而居，在成千上万的网络角落里建立了属于自己的社区、圈子、家园，在独具特色的博客上表达自我——顺便说一句，我喜欢台湾人把"blog"翻译为"部落格"，一个庞大部落的小小格子。老子所谓的"不出户，知天下；不窥牖，见天道"就这样成为现实。每一个人的另一个我，张开"比特翅膀"的"半神的我"，在这个"世界4"里飞翔得兴高采烈。

这个"世界4"就是"伊托邦"。在失去乌托邦的其余年代，伊托邦应运而生。2006年初，我读到美国学者米切尔的《伊托邦》一书。这本书的"序幕"是"城市的挽歌"，作者断言："传统的城市模式无法与'网络空间（cyberspace）'共存。"如果你知道半人半神的城市市民越来越多，就知道米切尔没有耸人听闻。不过，我不认为所有人都知道这一点。事实上是这样的。总体来说，许多拥有大大小小权威的人不大了解伊托邦，而遨游在伊托邦的形形色色的人则往往没有什么权威。本来有大量的工作可以用"比特"的方式来完成，但那些拥有权威的人更习惯用"原子"的方式来进行，我们的生活里充满了庄重的、认真的、煞有介事的低效，其中一大主因是，一代人总是只能习惯他们早就习惯了的模式。而用"比特"思维则是另一代人的习惯。如果你相信米切尔的另一个说法——硅是新的钢材，互联网是新的铁路——是正确的，你将得出下面这个结论：网络空间终将主导传统的城市，并克服旧城市所造成的障碍。

　　但现在，在伊托邦整合整个城市之前，伊托邦只是我的伊托邦，一个人的伊托邦，每一个人的伊托邦。我对技术的无休止的进步感到心醉神迷。令人感到安慰的是，技术的进步有其独自的逻辑，真正是不以任何人的意志为转移。我知道用不了多久，全部的伊托邦就可以被集合在一个小小的终端上面，这个终端非常有可能就是手机。我们的原子的肉身被电脑屏幕牢牢抓住，作为伊托邦入口的手机则可以让我们的肉身更乐意前往运动、聚会、娱乐、庆典的场所，肉身出现在应该出现的地方，肉身仅仅出现在需要出现的地方，伊托邦将带给肉身又一次解放。

辜鸿铭的理想女性

近代中国的文化怪杰辜鸿铭赞成缠足、辫子、皇帝以及纳妾。他主张纳妾的理由甚至比他这个人要来得有名：一把茶壶配上数个茶杯当然是谐调的。不过当时就有人反驳他，举出来的例子是"筷笼"：一只筷笼插多双筷子不也很自然？他的另一个名言——去男人的心通过胃——则由于我们对张爱玲小说《色·戒》的重读而广为人知，此处不提。

多多少少，他的文化保守主义立场使他被妖魔化了。其实我们读他的《中国人的精神》（海南出版社出版，1996年），不难体会到他的热诚，以及因为热诚而引发的雄辩。他说中国人是深沉、博大、纯朴和灵敏的，这些正好都是中华文明的特征。而中国妇女是端庄、温柔和幽闲的，典型如"观世音"。这种自尊甚至有一点点自恋程度的自我肯定，跟彼时流行的自卑自贬的调子确实大异其趣。

有关中国的女性理想，辜鸿铭说那是一个手拿扫帚打扫和保持房子清洁的妇人，因为繁体的"婦"字是一个"女"字旁加上一个"帚"。他毫无保留地赞同"三从四德"。"四德"是德、言、容、工，"女德"包括谦恭、腼腆、殷勤、快活、纯

书游记

洁、坚贞、整洁、干净；"女言"指懂得在适当的时候住嘴；
"女容"指打扮得干净整洁、恰到好处；"女工"指勤快。"三
从"指"在家从父、出嫁从夫、夫死从子，核心是'无我'"。
如果说中国的男人之道是"忠诚教"——忠诚于帝国，那么，
中国的妇女之道就是"无我教"——绝对无我地为丈夫而活。

一个遵循了"三从四德"和"无我教"的妇女还应该具有
审美的特质，她必须是优雅和妩媚的，是腼腆和羞涩的，一个
女人越是腼腆和羞涩，她就越是女性——辜鸿铭是这样认为
的。理想的女性还必须能够敏感地抵制花花世界的诱惑，这样
的女性具有比紫罗兰和兰花还要醇浓、清新、惬意的芳香。

现实社会里接近辜鸿铭理想女性标准的例子大概是成龙的
老婆林凤娇。绝大多数女性恐怕都不会赞同辜鸿铭的这个理想
模式。女权主义者更要唾骂辜鸿铭"想得美"。其实辜鸿铭自
己也知道，符合他的理想标准的女性在他所处的时代就已经不
容易找见了。他对理想女性的论述，看起来更像是一曲感伤的
挽歌。

现在已经少有人能够清晰明确地表述自己的女性理想了，
多数人就含含糊糊跟着感觉走，比如，有些男性表达对台湾女
性的好感，那部分原因大概是她们还保留着一些被改良过的传
统，当然不是"三从四德"也不是"无我教"，也许仅仅是一些
美学上的策略或者技巧——优雅和妩媚，加上一些女性特有的
气质——比如娇俏或者羞涩。

李渔的美人

李渔跟林语堂是一种类型的人，他们都是生活的艺术家。林语堂写过《生活的艺术》，李渔写过《闲情偶寄》，它们大致是一种类型的书。这类书势不可免地要写到女人。林语堂写了"两个中国女子"，一个名叫"秋芙"，一个名叫"芸"。这些写女人的文字被编排在《生活的艺术》第十章《享受大自然》中，很有意思，女人在他眼里或者就是自然的一部分。

李渔也写女人，写怎么鉴赏女人，怎么挑选女人。他组建过戏班子，这样的知识对他来说是很实用的。我在一本书里读到过，说李渔是最早实行"性贿赂"的人。他把戏班子里的美女送给达官贵人，然后物色新的女子。但我相信他应该不是发明了"性贿赂"的人，当然也不可能是最早的一个。

他首先看重女子的肤色，"妇人本质，惟白最难"。他详细地介绍了哪种女子可能先看是黑的，但可以变白，这也许是因为他挑选的女子尚处在发育之中。肌肤之后，他看重眉眼。"面为一身之主，目为一面之主。相人必先相面，人尽知之，相面必先相目，人亦知之，而未必尽穷其秘。"看一个女子的眼睛，就知道她的性情是刚烈还是柔顺，是聪慧还是愚蠢，也就知道她日后是凶悍的泼妇还是温柔的淑女。李渔说："目细而长，禀性必柔；目粗而大者，居心必悍；目善动而黑白分明者，必多聪慧；目常定而白多黑少，或白少黑多者，必近愚蒙。"为了观察女子的眼睛，李渔传授了他的秘技：一个是坐在低处观察，因为女子一般是羞怯的，眼睛会往下看；一个是让女子走动；第三个要点是看女子的手指。他说："两手之指，为一生巧拙之关，百岁荣枯所系。""手嫩者必聪，指尖者多慧，臂丰而腕厚者，必享珠围翠绕之荣。"

肌肤、眉眼、手足之外，李渔格外强调"态度"。他说："古云'尤物足以移人'。尤物维何？媚态是已……媚态之在人身，犹火之有焰，灯之有光，珠贝金银之有宝色，是无形之物，非有形之物也。""女子一有媚态，三四分姿色，便抵过六七分姿色……是态度之于颜色犹不止于一倍当两倍也"。

读了李渔的"美人篇"，再看他写的"木本篇"，不难发现，他写女子、写花卉，心态和笔墨基本是相同的。他用欣赏自然之物的眼光看美人，用欣赏美人的眼光看花卉。花卉与美人，都是造物的杰作。无怪乎林语堂要把美人放到大自然里面去等照齐观。大自然在他们的眼里，丝毫也不亚于人，他们都有一种淡淡的自然崇拜的味道。因此，他们无所谓要不要以人为本。道法自然，以自然为本已经很好了。

正是这个关键处，不难想象什么是中国趣味。林语堂的书很中国，李渔的《闲情偶寄》很中国，他们欣赏的女子也很中国。

加藤周一的《读书术》

　　爱书的男人喜欢把他们收藏的书籍想象成自己的女人，所谓"后宫佳丽"。深圳的Y先生用这样的说法来宽解自己常常买书回家而多半未能读的行为：想想跟"她们"同居一室，也是幸福的呀。日本人加藤周一也喜欢借女人说书。他说，读什么样的书跟追什么样的女人一样，并不是只有第一名才有人追，没准儿第十名追的人更多一些。又说，追什么样的女人也许没那么重要，但怎么追却极为重要。

　　因此加藤周一写了《读书术：快捷有效的读书技巧》（中国青年出版社出版，1996年）。他是一个跟我一样的"乱读主义者"，也只有乱读主义者才需要一点点读书的技巧。我还喜欢他是一个"躺读主义者"，比如他认为读书的最佳姿态是躺在床上，他认为读书跟"爱的行为"一样，宜于在床上进行。说到这里，我忽然想起我的一个创意：开一个书吧，名字就叫"上床吧"，屋子里全部都是床，床上不妨有些书……

　　读书能有多少技巧呢？无非慢读——所谓精读，或者快读——所谓泛读。加藤周一别开生面的是还推荐"不读"的读书术——以"不读读之"，我觉得这个"不读术"对深圳那些日理好几万机的同志们最有实用价值，但加藤周一心里想到的却是年轻女子。他说，年轻女子都希望自己不仅美貌，而且要像是一个知识女性。但一个女子如果花太多时间读书，那就没有时间去化妆了。因此她们尤其需要掌握"不读术"。

归纳起来说，加藤的"不读术"有如下几点：一是尽量读值得读的好书，第一流的书，1%的书，其余99%的书就可以听之任之不去读了；二是多读书评，这样既知道目前流行什么书，不至于显得孤陋寡闻，又可以节省读书的时间；三是听别人谈书，读过书的人都愿意在别人面前卖弄，尤其是在一个年轻貌美的女子面前，这样也就相当于自己也读过了。不过最重要一点是，无论是不是读过，都一定要装成读过的样子。这一必不可少、人皆有之的文化虚荣心，不仅意味着承认阅读的价值，而且会因为不好意思迫使自己去读读那本书。

加藤周一当然很清楚人不能老是在床上，现代人往往是在车上，因此他多次谈到在旅途中如何读书，书应该如何短小轻薄。他反对驾车旅游，理由是那样就无法一边浏览窗外的风景，一边阅览书中的故事。加藤周一有所不知的是，现代的驾车人可以听书了。我的朋友 × 君告诉说，在西方，几乎所有经典名著，都由"读物"变成了"听物"，而且不止一个版本。当然，像加藤周一这么一个好书成癖的人，他也许会反驳说："手上不摸着一本东西，那也算读吗？"貌似问得很有道理。

证严法师的智慧之缘

陈云林访问台湾要求前往台北县的关渡慈济人文志业中心，拜会慈济功德会的创始人证严法师。台湾的佛教四大领袖——佛光山的星云法师、法鼓山的圣严法师、中台禅寺的惟觉禅师和证严法师，只有证严法师是台湾本土人。

凤凰卫视的评论员石齐平曾经说："证严法师将继李敖和龙应台之后，成为下一个引起大陆人民重视的台湾人物，而由证严法师创办的慈济功德会以及义工所承载的'慈济精神'，也将深深地感染大陆人民的人心。""证严法师是台湾的价值。这个价值摆在全世界，台湾都能傲然挺立。诺贝尔和平奖如果有一天不颁发给慈济的证严法师，这个和平奖废了都可以！"事实上，慈济功德会也成功"登陆"，成为第一个在中国内地合法运营的台湾宗教性质的慈善组织。

我手上有一本《智慧之缘——证严法师静思语》，是由作家出版社 1994 年 5 月出版的，放在"作家参考丛书"系列当中，不知道是不是大陆第一次引进证严法师的著作。我亦是从这本书知道了证严法师其人。当时，在这本书的扉页上，我写下这样一段话："20 世纪 80 年代，台湾的宗教信徒不过 100

万，90年代骤增至1000万。据说没有宗教信仰的人口，在台岛只占20~70岁这个年龄段人口的9%。宗教化是富裕社会的普遍现象。日本1亿多人，但宗教信徒却有2000万之众，亦是发人深省。中国的信徒是多少？据赵朴初估计，佛教信徒大概有1亿之数，道教信徒大概也有此数。宗教在中国处在复兴的黎明。"

《智慧之缘》分上下两卷。上卷为"静思晨语"，下卷为"答人间问"。附录三篇：一篇是证严法师谈她的"佛教慈济功德会"的，一篇是台湾的知名散文家林清玄写的《水晶石与白莲花》，还有一篇是彭树君的《山来照山·水来照水——证严法师的故事》。我们读证严法师的书，看证严法师做的事，就知道佛教也是在发展的。其中最大的发展就是更加入世，把佛教接通到人间。证严法师不是找一块净土清修，而是在人间行善。

证严法师的那些静思语，几乎都是针对俗世间的人讲的。所以，正如俗话所谓的"是真佛只说家常话"，她也多说家常话。但她肯定的价值观，属于另一个话语体系，跟流行的价值观简直适其相反，比如她主张无我、爱人、利他、忍辱，根本不拿自己是不是成功当一回事。不过，她也强调快乐的价值。佛教是快乐的，这一点跟普通人的认知多少有些差异，普通人或许老是见到佛家说"苦"，有情皆苦，苦海无边，轮回是苦等，但证严法师强调在隐忍、舍弃、精进、谦虚中，获得快乐。因此，在我看来，这确实是一本宜于放在枕边读一百遍的智慧之书。

吴学昭的《听杨绛谈往事》

　　西方的文人一般都会把自己的往事处理成一件艺术品。比如纳博科夫的《说吧，记忆》，比如罗兰·巴特的自述，比如帕慕克的《伊斯坦布尔》，再比如马内阿的《流氓的归来》等。吴学昭的《听杨绛谈往事》是艺术品吗？起码不能马上就断言它是，但可以立即说它是一本老老实实的回忆录。

　　在真话缺乏的环境中，艺术不艺术也许并不是最重要的。关键是：它是不是一部信史？艺术容易耍花枪，这么说来，回避艺术化的叙事也应该是一种文本上的自觉和写作上的操守吧。杨绛要在自己活着的时候出版自传，确也是为了不给后来人太多发挥的余地。是的，她讲述的口气基本都是：当时的情况是这样的……

　　杨绛和钱锺书的故事，正在渐渐地成为文人的传奇。尤其是钱锺书，他的才华、成就，再加上特立独行，很容易被"加魅"——这一点是杨绛不能相提并论的，尽管杨绛的成就也许不在钱锺书之下，但她不是那种有神魅气息笼罩的人物。当然，中国的读者在提到杨绛时，必然会说到钱锺书，在论及钱锺书时，也自然会想到杨绛，他们是二位一体的。

两个人很多地方都类似，都惜时如金，都热衷读书，也都善良。在君子有所不为和自强不息上，他们是儒家。但在为人处世方面，恐怕是更接近道家，他们都洁身自好，都愿意过一种近乎隐士的生活，甚至爱上了卑微，都轻视物质重视精神，都对名利权势了无兴趣。对世上的大政治或者是身边的小政治，都敬而远之。在一个乱世，他们保全了人性中的天良。

比较而言，钱锺书更加道家一点。他很"乖"，一点也不恃才傲物，而是听凭领导的调遣；他不与人争辩，有别人对他的批判，但没有看见他批判过谁的；"不谴是非，以与世俗处"，钱锺书把这一条运用到了极致。不过他也并不矫情，比如说，当胡乔木帮助他出版《管锥编》，让他出任社科院副院长，他没有坚拒而是接受。他的圆融，为他创造了一个相对有利的环境，否则要写作《管锥编》是难以想象的。

杨绛入世多了。《洗澡》是有锋芒的。《干校六记》为后来人留下了宝贵的第一手资料，钱锺书表示过轻微的反对，好在杨绛有自己的坚持。"文革"期间，杨绛受到的冲击更大一些，她被批斗，剪阴阳头，被罚扫厕所，但敢向"革命群众"发火，她更加刚烈。如果跟她一起生活了一辈子的人不是钱锺书而是别的什么人——比如费孝通——杨绛先生还会是这样的人吗？

杨绛跟费孝通的轶事也很有意思，她是他的初恋，但她不是。钱锺书去世后，杨绛一次到费先生家里，费老仍然十分兴奋。他对她关心也关照了一辈子，是一个性情中人的人。

张大春的《聆听父亲》

《聆听父亲》是台湾作家张大春的回忆录。我们现在看见的只是"首部曲"。他或许会写出一部家族史，一个山东济南的老张家，跨海到台湾繁衍，这也是中国现当代史的一个缩影。

虽然书名是《聆听父亲》，但声音并不仅仅来自父亲，其实是多声部的，所有属于张家的那些人都发出了自己的声音。当然，自始至终，最主要的声音是张大春自己的，别人的声音通过他来转述，而他想象中的最直接的听众是他尚未出生的儿子。

这本书的写作，据说是萌发于一场意外：1997年的除夕夜，75岁的张父摔倒了，从此再也没有站起来。张父说："我大概是要死了，可也想不起要跟你交代什么，你说糟糕不糟糕？"在老的生命即将消亡、新的生命即将诞生之际，这句话是富于启示意味的。

每一个老人的大脑都是记忆的宝库。之所以是宝库，前提是，他记得的那些事情只有他记得，并且无法还原了。若有一架庞大的摄影机每时每刻记录一切，记忆被大大强化的同时，其实也遭到毁灭。记忆之所以令人着迷，正因为它的残缺不全，带着浓烈的离愁别绪。

书游记

这种残缺恰好就是书写的前提。用文字复活过往的岁月，甚至有可能比真正过往的生活还要来得好一些。比如，在真实的生活里，我是听不到音乐为这样的生活伴奏的，但在阅读张大春的文字时，我总觉得有隐若的音乐相伴随。不信的话，你听听这样的句子："从窗帘缝隙里透进来的夜光均匀地洒泻在他的脸上，是月光。只有月光才能用如此轻柔而不稍停伫的速度在一个悲哀的躯体上游走，滤出情感和时间，有如抚慰一块石头。"

你也应该能够听见来自自己的笑声。我第一次发笑是看到这样的描写，张父9岁时决定用一种懒得费力气的方式离家出走，他还不会游水，但他跳进河里，随波逐流。听故事的小男孩张大春这时很合乎逻辑地发问了："你没有淹死吗？"

"我父亲在一大堆白花花的肥皂泡里斜斜睨了我一眼，意思好像是说没见过你这么笨的孩子。好半天才答了一句：'没有。'"

书中第一个感人的故事是关于张大春的同学陆经，他后来死于一次车祸。他们的友谊似乎开始于失恋，张大春被一个"有两个非常有个性的奶子"的"马子"甩了，而陆经则失去了他从寺庙捡来的名叫"小鬼"的黑色山羊。后者相信人跟动物的爱情因为没有语言的污染所以纯洁而高贵……跟陆经有关的文字书写风格，其实也是本书的叙事风格，事件并不完全按照时间的顺序来描述，一些片段被打散、重装。有关"聆听父亲"的命意，张大春是这样说的："我的孩子，我已经开始感觉到自己是个唠叨的人了。不过，我还想再跟你描述一个面对遥远路途的故事。我书中觉得，所有的故事，都是在让聆听的人能够面对遥远未知的路途。请你不要问我在故事的'后来'是什么，'后来'太简单——就是你有了一个父亲。"

书游记

葛拉西安的《智慧书》

　　巴尔塔沙·葛拉西安是西班牙人，是 17 世纪的一位耶稣会教士。他的《智慧书》（海南出版社出版，1998 年）被一些人认为是有关处世智慧的三大奇书之一，另外两本是马基雅维利的《君主论》和孙子的《孙子兵法》。不过，对这样的说法，我们姑妄听之，因为其中不免有一股浓烈的"促销"意味。

　　《智慧书》或者更接近于《增广贤文》《菜根谭》之类，它的旨趣是谈怎么修身养性、如何为人处世。中国人似乎格外热衷怎么"做人"，也不是没有道理，日本一位专门研究人际关系的学者很早就普及了这样的说法：一个人在职场是不是能够成功，其中 90% 取决于人际关系。看看现实，确实是精于搞人际关系的家伙混得如鱼得水。

　　如果有足够多的时间，我会统计《智慧书》中一些关键词出现的频度。但我只能凭感觉说说。葛拉西安说到"名声"的地方非常多，说到"审慎"的时候很多，说到"愚蠢"的时候也不少——这很可理解，所谓《智慧书》当然就是如何让自己避免愚蠢或者显得没那么愚蠢。葛拉西安说："世上一半的人在嘲笑另一半的人，其实所有的人都是傻瓜。"葛拉西安一定不认为自己属于所有人。

"功成名就"这个成语适用于17世纪但未必适用于现在，所以我更尊敬那些安于寂寂无名的人。葛拉西安说"平庸之辈绝难赢得掌声"这句话未必对，但他主张"要在崇高的事业上出类拔萃"，则可以被我们认为是他对"名望"属性的一个重要的补充说明。

更多的时候，葛拉西安是在谈论"技术"层面的，也就是所谓"操作性"的问题。比如，他说"对庸众创造的奇迹无须津津乐道，那不过是些下三流的东西而已"，但他又非常"庄子"地提醒要"心随精英，口随大众"。"不要老是开玩笑"，因为"人们从来就弄不清楚好开玩笑的人究竟什么时候才是在说正经话，这种情况等于他没有什么正经话可讲"。"不要显得比上司高明"，因为"没有人喜欢被别人在智力上超过，而智力是人格特征之王"。"与其被人感谢，不如被人需要"，因为"感谢意味着遗忘"——这些话真的很"老江湖"。

葛拉西安格外强调保持神秘，不要露出自己的底牌——在写作上他采取的也是这个策略，他的语言那么简省，但话却说得常常矛盾或者摇曳多姿，因为直飞的鸟容易被捕杀，而飞得曲里拐弯的鸟你却抓它不到……

当然，有智慧的人有多少是读书读出来的呢——就算读的是葛拉西安的《智慧书》——读傻掉的人比比皆是。相对于一个人的机心四伏，不如宅心仁厚来得更得道多助。我倒不是在说读书无用，轻轻叹息一下也不行吗？

书游记

村上春树谈跑步谈什么

　　村上说如果自己有墓志铭，并且可以由自己来选择上面的文字，他希望写下的是：作家兼跑者——他至少是跑到了最后。

　　村上作为作家的一面，很容易被大家见到，但作为跑者就是另一回事了。跑步，尤其是长距离地跑步，是一件孤独的事情。如果说，村上跑步的一个目的是为了有一副好身体把小说写到最后，那么跑步的另一个目的则是：让自己独处。村上甚至是那种"主动追求孤绝的人"："我这个人是那种喜欢独处的性情……不太以独处为苦的性情……和跟什么人一起做什么事相比，我更喜欢一个人默不作声地读书，或是全神贯注地听音乐……所以一天跑一个小时，来确保属于自己的沉默的时间，对我的精神健康来说，成了具有重要意义的功课。"

　　或许也可以把"独处"换成别的单词，比如说"痛苦"。村上说："正因为痛苦，正因为刻意经历这痛苦，我才从这个过程中发现自己活着的感觉。"这很像前不久我的一位年轻朋友讲的话："只有那些你感到痛苦的东西，才是你生命中最真实的部分。"她是不阅读村上的，应该不知道村上也说过类似的话："……苦痛和创伤对于人生而言，很是必要。"

1978年，29岁的村上决定写小说。1982年，33岁的村上决定跑步。"我从1982年的秋天开始跑步，坚持跑了将近23年，几乎每天坚持慢跑，每年至少跑一次马拉松……跑长距离，原本与我的性格相符合，只要跑步，我便感到快乐。"这段文字是2005年写下的。小说的成就暂不去说，单是20多年里每天都跑步10公里，能够做到的人恐怕也是千万分之一吧。

　　为了确保第二天清晨5点起床跑步，村上要在10点之前就寝，"所谓的夜生活几乎不复存在，与别人的交际往来无疑也受影响，还有人动怒发火，因为别人约我去哪儿玩呀，去做什么事呀，这一类邀请均一一遭到拒绝。"村上对此倒也心安理得："人不可能做到八面玲珑，四方讨巧。"他很早就明白："到一定年龄之前，如果不在心中制订好这样的规划，人生就会失去焦点，变得张弛失当。"简单的坚持，经过几十年的时间累积，村上就不能不被我们看作是英雄。但这样的业绩分散在平常的日子里，其实也是非常枯燥乏味的。我问询过几个女人："这样的村上，你喜欢吗？"回答都是："太刻板、太不好玩了。"好在村上也用不着娶每个女人做老婆。不过，如果某个女人要教育自己的儿子，那么，给他看看《当我谈跑步时我谈些什么》（南海出版公司出版，2009年），那还是非常合适的。

　　跑步跑到村上这个地步，就跑成一种习惯和信仰了。我最近在读杜维明的《〈中庸〉洞见》，杜维明说儒学的宗教性就是"终极的自我转化"。村上是一个在修行的人。至于终极的自我转化，其实也是不那么好玩的。

波兹曼的《娱乐至死》

　　"娱乐至死"几乎是人尽皆知的流行短语，但《娱乐至死》（广西师范大学出版社出版，2004年）这本书的精彩内容，远远不是这四个字可以浓缩的。

　　得出"娱乐至死"的结论并非轻而易举。波兹曼的工作是一项示范，他从电报的发明着手分析。电报使信息的传播速度跟信息传播者的速度相分离，其结果是，"电报摧毁了关于信息的原有定义，并赋予公共话语一种崭新的含义"。波兹曼说，在印刷术统治的时代，信息是要跟语境联系在一起的。而现在呢，"信息的价值不再取决于其在社会、政治对策和行动中所起的作用，而是取决于它是否新奇有趣"。

　　波兹曼这样揭示"电报的传统"："通过生产大量无关的信息，它完全改变了我们所称的'信息 − 行动比'。"本来，在波兹曼看来，信息要跟"我们"有关，信息要"有用"，信息要"导致行动"，但现在，信息仅仅提供一些"谈资"。

　　电报的发明首先被报纸利用，电报所定义的信息的商业价值通过报纸实现。"报纸的财富不再取决于新闻的质量或用途，而是取决于这些新闻来源地的遥远程度和获取的速度。"想想新闻界对所谓"第一时间"的那种推崇，有关速度的法则其实一点也不天经地义。波兹曼对照片的分析跟对电报的分析如出一辙："像电报一样，照片把世界再现为一系列支离破碎的事件。"照片供应"伪事件"，"源于电报和摄影术的一个重要的产物也许是伪语境。伪语境的作用是为了让脱离生活、毫无关联的信息获得一种表面的好处……这种唯一的用处就是它的娱乐功能。伪语境是丧失活力之后的文化的最后的避难所。"

梭罗说，电报使相关的东西变得无关。柯勒律治说，到处都是水却没有一滴水可以喝。波兹曼说，电报可能使这个国家成为"一个社区"，但这个社区住着一群彼此之间除了了解一些最表面的情况外几乎一无所知的陌生人。

把电报、报纸以及照片加起来，就等于电视。"电视改变了我们对知识、真理和现实的定义，无聊的东西在我们眼里充满了意义，语无伦次变得合情合理。"波兹曼指出，"电视只有一种不变的声音——娱乐的声音，电视正把我们的文化转变为娱乐业的广阔舞台。"波兹曼说问题不在于电视提供娱乐，而在于电视把娱乐变成我们经历一切的唯一形式。

我是因为春晚重读这本《娱乐至死》的。央视利用它的超级强势地位，积数十年之功打造出一台举世罕见的晚会，却把跟我们有关的生活变得黯然失色，把跟我们无关的生活搞得流光溢彩。我们的家庭、社区、社会、风俗，因此一盘散沙，只有电视机维系着产生神话般的凝聚力……娱乐确实可以至死。

张爱玲的《小团圆》

有些女性的张迷喜欢在张胡关系中强弱程度不同地把自己代入比较，以张爱玲自居，捎带也把一些文人代入，略等于胡兰成，很便利地鄙夷一下这类人的滥情——这样移情式的阅读法也很有意思。问过这样的问题：为什么女性都很喜欢克林顿，女性多半很厌恶胡兰成？回答是：希拉里太强势，张爱玲太可怜。原来全是女性视角。

张胡其实跟芸芸众女生没有什么关系，如果他们不是文字的生产者的话。我们喝了蜂蜜不一定要去过问某只蜜蜂是不是到处拈花惹草。蜜蜂本来就是要拈花惹草的。台北的某大师说过："不风流怎么可以是文人？但是，要风流怎么可以是政治家？"按照我的看法，达官贵人如果也酿得出蜜的话，有些事未必是不可以被理解的……

大概欲做胡兰成而不得、做了胡兰成而不敢说的人也有一些——这里说的不是他当汉奸的事。胡兰成喜欢把自己跟女人的故事讲得很透明——是不是显得很阳光呢？估计一旦进入历史就都可能变成"佳话"吧。当事人张爱玲最清楚这个胡的来龙去脉。在《今生今世》之后写《小团圆》，没有以最后的结局为写作的前提，仿佛有一种与生俱来的钝感，天生不具备怨妇的偏好——这一点是有话为证的："我不知怎么，喜欢起来简直是狂喜，难受起来倒不大觉得，木木的。"……她是最不多愁善感的人，抵抗力很强。

也不是不知道胡兰成是一个什么货色，知道他"很滥"。也知道如果为他自杀就"太笨了"——"之雍能说服自己相信随便什么。她死了他自有一番解释，认为'也很好，'就又一团祥和起来。"后来在跟人通信时，更是用"无赖人"代指胡兰成。但值得留意的恰好在这里——这里有张爱玲隐而不宣的人生观。《小团圆》真正想写的部分就是盛九莉跟邵之雍的一段情史。对于胡兰成，不仅仅是不出恶声。张爱玲一辈子就这一段感情来得不能释怀。她深知弗洛伊德。书到结尾时写梦，很少做的一个好梦是这样的：蓝天白云，青山木屋，阳光树影，小孩出没——都是她自己。"之雍出现了，微笑着把她往木屋里拉。非常可笑。她忽然羞涩起来，两人的手臂拉成一条直线，就在这时醒了。20年前的电影，10年前的人。她醒来快乐了很久很久。"这样的留恋和深情，不当成自传看可能会好一些。

宋淇说，传统才子佳人小说里的主人公高中状元，三妻四妾都愿意跟他一起生活，是谓"大团圆"。但张爱玲这本书里的男主角是一个最后躲避起来了的汉奸，他的女人纷纷散去，连小团圆也谈不上。但是，为什么张爱玲仍然会把这本书名之为"小团圆"呢？应该不是反讽。不知道她的意思是不是说人生有一小段这样的经历就堪称是"小团圆"。有藏得很深的悲悯。

波德里亚的《冷记忆》

波德里亚的《冷记忆》(南京大学出版社出版,2009年)共有5本。从1980年波德里亚51岁时开始写起,一直到2004年。2004之后他的生命还延续了3年,有没有继续冷记忆,就不清楚了。

我一向喜欢这种碎片式的文字。似乎拥有第一流才智的作者都擅长写作这样碎片式的文字。帕斯卡尔和维特根斯坦是我最先想到的两位。在中国则有写作《管锥编》的钱锺书。他们有神秘的直觉,极为敏捷的思维,不能容忍琐碎的论述过程……波德里亚也是这样。

这样的句子俯拾皆是:生命剩余的第一天不是明天,而是后天;真相就是人们必须尽快摆脱的东西;死亡也会因为自己的不在场而光彩夺目;任何诱惑都是猫一般的轻盈;深度不再是以前的深度;大众媒介告知我们信息,而机场却使我们分离……这些突如其来的句子,非常像诗。

一些文字涉及女人:女人的手令人感动,炽热炙人,却又脆弱无比;只有这样的女人讨人喜欢——她们的面孔接近无限;感人的时刻是那一刻,即一个女子脱下她的皮鞋,突然在你面前缩小；每个女人都是超凡的、脆弱的、不可抗拒的、不道德的、光彩夺目的、难以满足的……描写没有什么逻辑，但也并非完全无迹可寻。正是这一类文字的妙处。

有一些意思很耐人寻味：革命，包括革命的欲望，它不会宽恕那些视革命已经完成的人，倒是会原谅那些与革命作斗争的人；民主，是西方社会的更年期，是社会肌体的伟大更年期。而法西斯主义则是西方社会的中年恶魔；在任何痛苦或是任何快乐中，有一种尽快结束的秘密心愿，有一种对存在的绝对宽恕，哪怕一个瞬间也好。结束得越快，宽恕就越长久……这些意思当然不是什么绝对真理，甚至未必正确，但很是宜人神智。

对这些词语碎片，我倾向于它们是即兴式的演出，被即兴式的文字所捕捉，也就此凝固了，思考的脉络或者历历在目，或者根本无从辨析，但它们保持一种思考的惯性，似乎要把读到它们的人带到一种继续思考的趋势中。当然，不一定要追随波德里亚的惯性，大可按照自己的方向去运思。

"冷记忆"或者也可以叫做"酷记忆"。首先是文字的酷，然后是思想的酷，不用说情感也是酷酷的。波德里亚说："一切暧昧的东西都是女性的东西。一切不暧昧的东西都属于男性的范畴。这才是真正的性别差异，这种差异既不在性器官中，也不在生物学方面。"这种陈述的方式也很男性，因为一点也不暧昧。我喜欢他这样表述的方式，至于意思是不是无懈可击，其实大可忽略不计。

泰勒的《现代性之隐忧》

查尔斯·泰勒的《现代性之隐忧》（中央编译出版社出版，2001年）是一本不足8万字的小册子。开篇谈三个隐忧。这三个隐忧分别跟个人主义、工具主义理性和选择的受限有关。

首先，泰勒指出，个人主义当然是现代文明的最高成就，也没有什么人想要背叛它。很多个人主义者厌恶秩序。过去的人们常常把自己看成是较大秩序的一部分。宇宙有一个"伟大的存在之链"，这些秩序在限制我们的同时，也赋予世界和社会生活的行为以意义。对这个秩序的厌恶，使我们失去了更大的社会和宇宙视野，还使我们失去了"生命的英雄维度"。个人不再有任何抱负，生活失去了意义，只有"可怜的舒适"。

其次，随着世界被"去幻"或者说"祛魅"，工具主义理性大行其道。工具主义理性指的是"一种我们在计算最经济地将手段应用于目的时所凭靠的合理性。最大的效益、最佳的支出收获比率，是工具主义理性成功的度量尺度"。泰勒承认工具主义理性给我们带来了解放，但也控制了我们的生活。例如"用美元估算生命""把病人看成是一个解决技术问题的场所""为非常不平等的财富和收入分配辩护"……我们的生活狭隘了、平庸了，一切固定、可靠、持久的东西都被廉价、可替换的商品取代了。

第三，跟个人主义和工具主义理性相关，"工业—技术社会的制度和结构严重地限制了我们的选择"。个人和群体的自由被极大地限制，于是个人不愿意参与各级政府，也不参与自愿组织，形成了一种"温和专制主义的恶性循环"。泰勒指出，这种对公共领域的疏离，导致我们失去对我们命运的政治控制，失去托克维尔所说的"政治自由"。

泰勒的三个隐忧，现在也越来越多地出现在我们的生活中。我们越来越失去宏大的视野以及跟超越之物的联系——缺少信仰也缺少意义，我们越来越失去英雄的维度——认为把自己的小日子过好才是最值得的……如果说，这样一种个人主义所造成的陷落，在某种意义上个人还可以抵抗的话——以某种特立独行或者遗世独立——那么，由工具主义理性所造成的陷落，个人常常无能为力。不妨看看城市的交通体系如何把自行车甚至行人排挤出去，就知道一二了。我们有关经济增长的设想，其实也多半是基于工具主义理性的考虑。

一定会有人从诸如"日子越过越好了"之类的角度忽视、轻视甚至蔑视泰勒的隐忧，也一定会有人从经济上的自由度越来越多地淡化泰勒的隐忧。但泰勒提出来的问题并不会因此被取消。事实上，他提出来的三个隐忧，也是西方思想家全面反省现代性的基本问题的内容。

柯艾略的《牧羊少年奇幻之旅》

　　R问我最近在读什么书，我说保罗·柯艾略的《牧羊少年奇幻之旅》。R笑了，然后讲了下面这个八卦：

　　一位名叫斯加尔比的瑞士小白脸，貌似谦谦君子，非常懂得讨好女人，专门在欧洲各个奢华温泉场所渔猎富婆，频频得手不在话下。他最近骗到的是位德国女首富、宝马的继承人苏珊……有关故事，在网上很容易搜到。开始，小白脸对住在同一个酒店的苏珊视而不见，直到一天发现她正在阅读《牧羊少年奇幻之旅》，于是凑过来说，这本书也是他自己的最爱，就此搭上关系……

　　R总结说，或者阅读这种励志书的人，都属心智不成熟之类，于是被骗子选中。然后，望着我笑。

　　故事的梗概就不细说了。大致说，这本书跟梦想有关。只知道吃喝的普通人、有学问的神甫、云游四方的牧羊人、爱上一个女孩的牧羊人、梦见埃及金字塔有宝藏的牧羊人，他们处在梦想的不同序列上。"恰恰是实现梦想的可能性，才使生活变得有趣。"这本书也跟天命有关，天命和梦想，差不多是一样的东西。"天命就是你一直期望去做的事情。"但是，一股神秘的力量使一般人很早就相信世上最大的一个谎言——"在人生的某个时候，我们失去了对自己生活的掌控，命运主宰了我们的人生。"于是他们既不敢去追寻自己的梦想，也不敢去实现自己的天命。但这股神秘的力量其实也在培养你的精神和毅力，最终会明白："不论你是谁，不论你做什么，当你渴望得到某种东西时，最终一定能够得到，因为这愿望来自宇宙的灵魂。……当你想得到某种东西时，整个宇宙会合力助你实现愿望。"在实现天命、追寻梦想的过程中，要善于识别预兆，懂得宇宙语言，永不担心失败，倾听自己的心声，相信奇迹的存在……

所以说这是一本励志书，大概是没错的。但"励志"这个词容易局限一本书的内涵。如果说励志，孔孟都很励志，佛经也励志。联想到这一层，倒是觉得柯艾略说得不错，确实存在着"宇宙语言"，也就是"宇宙之道"，要发愿，要实行，要坚持，要用心……否则一事无成。

但把这些道理装进一个寻宝的故事框架里，用简练的语言、快速的进展、不断的悬念引导读者，是这本书的迷人之处。作者说这是一本有象征意义的书，他说要向海明威致敬。我不禁把这本书跟《老人与海》相比较。它们有相似的地方，《老人与海》也很励志，意义或者比《牧羊少年奇幻之旅》要来得深邃，但《老人与海》的故事实在乏味，甚至难以卒读。据说《牧羊少年奇幻之旅》是最畅销的书，这本身就是一个"神迹"，仿佛证明了柯艾略所言真实不虚。

书游记

法拉奇的《给一个未出生孩子的信》

　　奥丽亚娜·法拉奇的《给一个未出生孩子的信》(海南出版社出版,2002 年)说的都是真心话。一般讲,看一个人的真心,就要看他或者她跟自己的子女怎么说、怎样做——这几乎是一条法则。

　　诚如法拉奇所言,作家都会暴露自己。这封信暴露的是法拉奇自己的世界观。她说生活:"生活就是一种艰难的尝试。它是一场日益更新的战争。它所有的欢乐时刻都是些微不足道的插曲。"她说生命:"生命的诞生比生命的遗弃更为美好。"她说死亡:"我甚至不害怕死亡,死亡至少意味着你诞生过一次,至少意味着你战胜过虚无一次。"她说男人:"要成为男人并不一定意味着要在身子前面长出那个小东西:作为一个男人的意思是要成为一个人。"她厌恶懦弱:"懦弱是一头长期潜伏着的野兽。它每一天都在伺机袭击我们,只有极少数的人才免于这一厄运。"她强烈地质疑爱情:"它恰似一场巨大的骗局,它之所以被创造出来仅仅是为了让人们保持安静和获得欢愉。"她告诫未出生的孩子:"要避免以那种沉迷的方式把自己托付给某个人:这只能意味着你丢失了自己,遗忘了自己,遗忘了你的权利、你的尊严，也遗忘了你的自由。如一条沉入水中的狗，你徒劳地试着要去抵达一条并不存在的岸，一条被人们称为'爱'和'被爱'的岸。你只能在挫败、嘲弄和迷幻中了结你的一生。"她对家庭也没有信心："家庭是一种建造出来为了更好控制人的窠臼……家庭除了是那种让你去服从的制度的代理人外，它什么都不是。它的神圣和尊严实际上是不存在的。"

在这封信里，法拉奇讲了三个寓言。第一个寓言讲的是我所知道的法则："在这个世界上总是让那些最强者、最残忍者和最不宽容者获胜的法则。"第二个寓言讲的是世界的不公正，把人分为穷人和富人的不公正是"你必须做好准备为之战斗的某种东西"。第三个寓言讲的是"我们不会有明天……我们总是被无数的许诺所欺骗"。

法拉奇的这封信把人生的真相血淋淋地撕开给自己的孩子看。人活着不是因为有希望、有巧克力、有爱情，而是为了战胜虚无，为了赢得人的尊严，所以要清醒、理性、勇敢。她希望孩子尽早褪去儿童时代的纯洁性，包括一切的幻觉。"学会保护自己，学会敏捷而强壮……尤其是如果你是一个女人，就更应该如此。"真是强悍到冷酷，但却是真理。这样的文字应该尽早让自己的孩子接触，尽可能多地阅读并了解。因为我们平常听见的话，基本上不是来自骗子，就是来自傻子，只有百分之一来自法拉奇这样的人——但骗子和傻子会认为她是一个疯子……

马里诺夫的《柏拉图灵丹》

娄·马里诺夫是纽约州立大学的哲学教授，纽约哲学实践家协会主席。他的《柏拉图灵丹》(云南出版社出版，2004年)一书有一个副题：将永远的智慧应用于日常问题。柏拉图是最好的哲学象征，灵丹是最好的药物象征。哲学能够作为最好的药物来解决人的身心问题吗？马里诺夫的回答是肯定的。

这本书介绍了一个新的职业：哲学咨询。我们都知道心理医生，但我们不大知道还有哲学医生。哲学咨询开始于20世纪80年代的欧洲，90年代在北美洲发展壮大。这个行业出现的背景是，不少人无法从心理治疗或者精神疗法中获得益处，哲学咨询为这些人提供了一种新的选择。

每个人都有一套自己的哲学，但他们未必知道自己的哲学。从事哲学咨询的人通过对话，发现你的问题，并跟你一起就此问题进行哲学思考。"你会发现一种令思维开阔、深刻持久的方法论去面对任何发生在你身上的事情，不论选择或者未来。你将发现通过沉思而非药物治疗找到心绪的宁静。"马里诺夫强调哲学咨询适合健全人。健全人是会有缺陷的——完美是一种不正常，改变缺陷并不是高不可攀的——人可以趋近更好。

现代人的一个普遍境遇是：存在的真空。或者是"虚无感"——一种对人生彻底、终极的无意义的感觉。"存在的真空"阻挠我们获得人类最基本的动机力量，所谓"最基本的动机力量"就是"要有意义的决志力"。本来，这种"有意义的决志力"是从传统权威那里获得的，但是，传统权威崩塌了，哲学实践成为替代方法。对一些人来说，神学是不可信的，科学是冷冰冰的，而哲学则从神学和科学那里汲取养分，找到了一条救赎之道。

马里诺夫扼要地介绍了随时获得宁静的五个步骤：问题、情感、分析、沉思、平衡。首先，识别问题；其次，查清问题激发的所有情感，然后分析解决问题的方案；再次，将你的整个情景置于广大的哲学背景中进行沉思；最后，清晰地表述你的问题、情感、选择、沉思。你于是可以平衡地处理将要面对的、不可避免的一切变故。

且以抑郁症为例看哲学咨询的作用。抑郁症的原因有四种：第一种是脑部基因的问题；第二种是外部原因导致脑部出问题，比如滥用药物；第三种是儿童时代的精神创伤；第四种是当前生活中急速发生的事情。前面两种，精神病学和药物疗法很有效。第三种和第四种，谈话疗法是适当的处方。其中的第三种，心理学很有效用；第四种，哲学咨询是最直接的。

作为一个哲学实践家，马里诺夫还在书中提供了大量的案例。他希望每个人成为自己的治疗师，这使哲学咨询这个行业听起来不那么商业。

费曼的《别闹了，费曼先生》

　　《别闹了，费曼先生》是 1997 年 12 月由生活·读书·新知三联书店出版的，我于 1998 年 6 月买回来。过去的 10 年里，王宝宝同学至少三次读这本书，每一次都读得哈哈大笑，然后告诉我书中写到的那些可乐的故事。似乎还没有哪本书给她带来过这样强烈的快乐。我举这个例子是想说明：这本书非常适合青少年阅读。

　　费曼 1918 年出生，1988 年去世，1956 年获得诺贝尔物理学奖。物理学家被认为是人类中的"小飞侠"，费曼就是一个最为典型的代表。小飞侠恐怕也是费曼对自己的想象，因为《别闹了，费曼先生》一书是一个小飞侠的自传，有很多故事、游戏、玩闹、恶作剧，但基本不谈学术。费曼喜欢思考，但却不大喜欢思想。至少在他年轻的时候，他喜欢钢铁工人、焊工，或者是机器房的技工，很看不惯那些读法国文学、音乐、诗歌等"优雅"事物的男生，因为他们太"娘娘腔"了。

　　费曼喜欢"物理游戏"而厌恶物理学。在餐厅吃饭时，有人将餐碟抛到空中，费曼发现餐碟边缘校徽图案的运动速度比碟子快，他研究为什么会这样。他的同事觉得这个现象既不重要，也没有意义，仅仅有一丁点儿乐处。但却是费曼获得诺贝尔奖的一个原因。

费曼还是一个著名的不负责任的人。费曼说他强烈的"社会不负责任感"来源于伟大的数学家冯诺曼。自从听进了冯诺曼的劝告，"你不需要为身处的世界负任何责任"，费曼就成为一个快活逍遥的人。因为不愿意负任何社会责任，费曼也从来没有出任任何行政职务，甚至连续 5 年要求辞去美国科学院院士的荣誉头衔，因为他懒得去选举其他院士。

他也拒绝金钱的诱惑。当芝加哥大学以高薪诱惑他跳槽，费曼是这样写信回绝的："知道了薪水的数目之后，我已经决定必须要拒绝了……原因是如果我真的拿了那种高薪，我就可以实现一切从前想做的事了——找一个很漂亮的情妇，替她找个公寓，买漂亮东西给她……我会开始担心她在做些什么，等我回家时又会争吵不休，这些烦恼会使我很不舒服，很不快乐。我再也没法好好做物理……我一直想做的事情都是对我有害无益的。"

但是，费曼强调科学家该有的品德，那就是以科学家的身份讲话时，千万不要欺骗大众。他希望是："你们能够找到一个地方，在那里自由自在地坚持我提到过的品德；而且不会由于要维持你在组织里的地位，或是迫于经济压力，而丧失你的品德。"

对于成年的读者来说，这本书很容易帮助你弄明白，为什么美国会出现那么多诺贝尔奖获得者。而在我们的环境里，假模假式越来越多，如果你是一个费曼式的真性情的人，将活得很悲惨。

余华的《活着》

他的父亲死了。他的母亲死了。他的儿子死了。他的女儿死了。他的妻子死了。他的女婿死了。他的外孙死了。他的战友死了。他的赌友死了。他认识的很多人都死了……一本不断死人的书，书名却叫《活着》。

也有道理。至少这个名字叫福贵的老头到书结尾的时候还没有死。他活在不断变化的死亡阴影中。余华说：《活着》"讲述了人是为了活着本身而活着，而不是为了活着之外的任何事物而活着"。意思似乎是：既然你还没有死，那就先活着吧。小说讲的就是这样一种属于中国人的"生死观"。

离开了时代以及这段时期的意识形态是无法读懂这本小说的。故事的时间跨度大致是 1940 到 1980 年。落到福贵身上的人生充满了死亡。死亡接着死亡，直到死亡成为他的习惯，然后只能皈依死亡，把死亡变成一种希望。

很多人都津津乐道书中一个这样的"吊诡"：因为他输了，所以他赢了。福贵跟龙二赌博，输掉了家里的田产，所以免于后来被当作恶霸地主被枪毙，代替他的是龙二，福贵因此是赢了。但这本书的深意却在于它接下来的发问：赢了又怎么样呢？这样的活着其实生不如死。虽然是我去死，你去活，谁比谁更好，现在谁知道？

这是一本"死亡发生学"的书。死亡方式是那么"多姿多彩"。福贵他爹是从粪缸上摔下来死的。福贵的"战友"老全刚说完"老子连死在什么地方都不知道"就死了。龙二死前说"福贵，我是替你去死啊"。儿子有庆献血时被抽血抽死了。女儿凤霞生孩子大出血死了……死亡就是这样成为习惯——老婆家珍说："福贵，有庆、凤霞是你送的葬，我想到你会亲手埋掉我，就安心了。"福贵在家珍死后，欣慰的也是："家珍死得很好，死得平平安安，干干净净。"

这还是一本"死亡亲历记"。死亡被文字拉近，被文字的手触摸："有庆躺在坑里，越看越小，不像是活了十三年，倒像是家珍才把他生出来。我用手把土盖上去，把小石子都拣出来，我怕石子硌得他身体疼。""那天雪下得特别大，凤霞死后躺到了那间小屋子里……我站在雪地里听见二喜在里面一遍遍叫着凤霞，心里疼得蹲在地上。"没有安魂曲，没有死后世界的消息，死亡赤裸、直截了当地横陈在人的面前。这确实是我们活下去的自画像，韩国的评论家说得对极了。

20世纪的90年代还出现过这样悲天悯人的书，一定很多人不愿意读它。他们可能不无嗔怪地说："生活已经很不容易了，干吗还要去读这样压抑的文字？"貌似问得非常有道理。

戴森的《宇宙波澜》

　　物理学家戴森的《宇宙波澜》（生活·读书·新知三联书店出版，1998 年）是一本非常有意思的书。其中第十九章《乡关何处寻》谈到搜寻外星人的设想。

　　很多科学家都热衷于寻找外星人。一些科学家的做法是利用电波望远镜之类收听天外信息。戴森称这些人必须信仰一种名为"哲学对话教条"的教义，或者叫"信心条款"：首先，相信宇宙充满了生命；其次，相信有生命存在的星球中，绝大多数都能出现智慧物种；其三，很大一部分智慧物种正在启迪人类发出信息。戴森认为类似这样的看法无法证明其对或者错，因此只能是一种信仰。

　　当然，戴森并不否认搜寻外星人的活动，不过，他主张换一个思路：我们应该搜寻的不是智慧物种的一般行为，而是最野心勃勃的扩张主义者、最技术疯狂的社会。如果存在着这样的社会，那它是绝对不可能隐藏起来的。搜寻这样的社会比起搜寻外星人的无线信号要来得容易多了。

　　那么，这样的社会有没有可能存在呢？戴森认为，假使有充分的时间，科技社会能做的事情几乎不受任何限制。比如说外星殖民，如果是一个长生不老的社会，星际距离根本不是问题。如果星际距离不是问题，那么这个社会就可以支取好几个星系内的资源，并且制造"人造生物圈"。"人造生物圈"这个概念是俄国天文学家卡达雪夫提出来的。卡达雪夫认为，宇宙文明分三大类型。第一型文明控制一个星球的资源；第二型文明控制一个恒星的资源；第三型文明控制一个星系的资源。它们彼此之间的差距在 100 亿倍以上。我们这样一个社会属于"型一"，再过 2000 多年就可以过渡到"型二"。到了"型二"，就不容易灭绝了。

如果宇宙间的文明都是"型一"，因为星际阻隔，它们彼此是无法被侦测到的。"型二"文明一定会被侦测到，因为利用恒星能量的文明，势必要以废热形式将大半能量辐射掉，废热散逸至天空，形成红外辐射。其辐射波段在十微米一带，可以被地球上的红外线天文学家捕捉到。据此，戴森建议天文学家先全面搜寻天空，对所有红外线光源编定目录，再用天文和电波望远镜观测，可以事半功倍。

迄今为止，红外线搜寻也没有什么消息。戴森认为，在地球之外的任何地方都没有出现过智慧物种，也是大有可能。但搜寻外星人可能会带来很多好处，至少戴森提出的思路指明了人类的未来，那就是星际间的无限扩张，直至建造"人造天空生物圈"。向"型二""型三"文明进发。我们进化的程度越高，接触的空间就越广阔，搜寻外星人的机会就会越大。

偶尔看看科学家的书，不难发现我们在日常生活中关注的事情很多是蜉蝣关注的事情。人是不应该把自己局限在蜉蝣世界中的，虽然当一个蜉蝣有时看起来那么有道理……

郑逸梅的《艺林散叶》

我的《艺林散叶》一书找不到了，还在手边的是《艺林散叶续编》。书是中华书局1987年4月出版的，定价1.65元，如果现在出版，定价应该在30元了吧。

《艺林散叶》写的都是一些文人的逸闻趣事，篇幅都很紧凑，发表在报纸的边边角角上，就是所谓"补白"，作者郑逸梅因此有"补白大王"的雅誉。郑逸梅说："我喜欢写些一鳞半爪的小品文，这是有原因的。我平素爱读《世说新语》和《幽梦影》，觉得这一类的名作，虽寥寥数语，可是辞藻很隽永；叙述很精练，以少胜多，耐人寻味。这是非学有深造者不能道一字。"《世说新语》也可以说是一本八卦之书，《幽梦影》则是另一回事。

逸闻趣事，也就是八卦。不妨说，喜欢八卦是古今人之同好。不过，现在的人喜欢的八卦多半跟明星有关，又多跟明星们的男欢女爱有关。是不是即使是八卦的品位也今不如昔了呢？可能未必。古代的老百姓大概也喜欢拿男女之事来消遣，不过他们不大有机会大规模地付诸笔墨，只有文人有写作、记录、出版的机会，或者说权力。现在呢，写作一事，人人皆可为之，八卦的内容就转向老百姓的品位了，因为八卦的主要买家不是文人，所以，媒体投其所好，没有什么好奇怪的。

随便采撷一则"艺林散叶"看看："白蕉擅画墨兰，极雅韵，且作绝句题其上，亦清逸有致：'二月春风起睡仙，乾坤无恙酒杯圆。偶然挥洒何须诉，管领清芳五百年。'"也不尽是风雅的。比如："于右任每餐必备锅块和炒蛋。""于右任与其夫人不融洽，往往与客谈笑风生，夫人一出，立即易容，有凛若冰霜之概。"大书法家日常的一面，就这样跃然纸上。

在施蛰存的集子里未必能够见到这样的书信文字："承饷樱笋，红破芳唇，洁逾玉版，色味两绝，口眼兼惠，无以报答，仅能泥首。连日阴翳，殊闷损，不知足下作何活计？弟则在院中望地看天，学井蛙而已。""殊闷损"就是现在流行的"郁闷"一说的酸腐版吧。又忽然想到，这样的文字很适合短信发送。

郑逸梅模仿张潮的《幽梦影》写《幽梦新影》，现在看，可能更觉得"有乖时代"了。但郑逸梅说他"在所不顾"。确实，人不能太把"时代"当回事。有时看见落伍之辈，他们未尝没有这个意思。郑逸梅有些话说得好："独立苍茫中，自有经济在，自有学问在。""冷眼以观世，虚心以读书。""开窗即近银汉，闭户即属深山。""美人与其寿，不如其夭；名士与其朝，不如其野。""天下惟善读书者，不负花月，不脱酒盏，不离山水，不绝美人。"或许会有人说，这样的文字没有什么创造性。但郑逸梅看重的，大概就是传承一种美学情趣而已。

罗大佑的《童年》

　　诗人是敏感的人。或者说，凡是敏感的人都具有成为诗人的潜质。我似乎写过文章表达过对多愁善感之类性格的不以为然，还援引过黑格尔对少年维特的批评。不过，如果你是诗人，多愁善感就是一种必不可少的天赋。甚至像释迦牟尼、庄子等人，也都是多愁善感的至情至性之人。最早说"太上忘情"的人，他真的明白为什么要忘情。

　　罗大佑是诗人吧。读他的《童年》(上海译文出版社出版，2002年)时，我是这么认定的，因为我很容易就发现了他的敏感。当慨叹这个时代离诗歌越来越远时，因为我们把歌词作者排除在诗人的行列之外了。前不久，李皖在《读书》杂志撰文点评罗大佑，对他的音乐甚至他的演唱都推崇备至，但对他的歌词评价似乎不高。但我觉得如《童年》或者《光阴的故事》都是非常好的诗，理由很简单：你总是会被它们所感动。

　　《童年》这本小书也许更应该叫写真，它包含了那么多的照片。图像在它的黑白时代显得那么纯粹而澄净，好像更能够实现传神写照的命定功能。你看照片中那些人的衣着打扮，他们的姿态表情，就不难想象他们的生活状况。我看见罗大佑祖父母的照片，衣冠楚楚，在那样遥远的年代，全然不似我们惯常应该见到的饥民。

不过，罗大佑的这本《童年》并不是要向人们证明他的家庭经济状况以及他因此受到的良好教育，他要解密的是：时间跟他的歌曲之间的关系。他把这本自传性质的书名之为《童年》是有道理的，他的乡愁跟时间的关系更大，跟空间的关系倒不是那么大。比如说《鹿港小镇》，与其说写的是空间，不如说写的是时间。他的感怀伤逝总是伴随着时间不断流逝这个无法更改的事实，"流水它带走光阴的故事改变了一个人，就在那多愁善感而初次等待的青春"。他灵魂的故乡不是彼岸，而是在曾经是现实而现在无从找寻的此岸，还好，在他的记忆中保留着此岸的痕迹，这个记忆的家园就是他所谓的"童年"。

至少这本书里挑选出来的几首歌都是时间之歌，《童年》《光阴的故事》《鹿港小镇》以及《闪亮的日子》，淡淡的哀愁，浅浅的忧伤，无尽的缅怀与回想。"他们说你呼吸着氧气，但你更呼吸着空气。但这也不是事实，你其实更呼吸着时间……在时间中努力，付出，思考，讲究，创作，悲悯，时间将紧紧地拥抱你，呼吸将极为顺畅，你必定快乐，神在眷顾着你……时间在产生变化……我记得，当时间开始和产生关系的时候，那一段日子，模糊，深刻，但似在体内……那一段日子，还有那些随着时间变幻的形象，我那时还不知道，大家有个通称。叫它：童年。"罗大佑说。

莫洛亚的《生活的艺术》

安德烈·莫洛亚的《生活的艺术》（生活·读书·新知三联书店出版，1986年）是一本小册子，但内容不小，它谈到了思维的艺术、爱情的艺术、工作的艺术、领导的艺术、衰老的艺术、死亡的艺术……我想起伊壁鸠鲁开出过快乐的清单，分别是：友谊、自由、思想。友谊，如果你常常跟朋友一道进餐，你是有友谊的；自由，它主要的特征是远离指手画脚的领导；至于思想，似乎主要是明白这样一些思想，比如：对于真正懂得不活着没有什么可怕的人来说，生命中就没有什么可怕的事情……当然，伊壁鸠鲁的快乐清单中还包括一条：一点点必要的钱。

莫洛亚讨论思想时表现得像一个哲学家。我喜欢他的这个意思："思维应该位于'底层'，源于敏捷的反应。因为只有这样，才能带出闪电般的速度的决定，而几乎一切事情都需要这一点。"莫洛亚引用的瓦莱里的一个观点也非常有意思："重要的不是发现，而是补充别人的发现。"牛顿一早也说过类似的意思：巨人无非是站在别人肩膀上的人而已。知识的积累不过是补充的补充的补充……罢了。所谓有思想的人也无非是不断补充别人的发现。

有关爱情，他谈到了爱情的发生、追求、获得以及维持。他的维持爱情之道是：第一，夫妻之间永远要像初次见面时那样相敬如宾——这个，《增广贤文》里面似乎也说到过：相逢好似初相识，到老终无怨恨心；第二，在任何情况下，都要保持幽默感；第三，适当地保持一些嫉妒心；第四，夫妻间要有适当的分离；第五是最秘密的一条准则：要保持浪漫色彩，这是因为"虽然她嫁给了我，但她并不属于我，而且永远也不会属于我……"。

莫洛亚讨论工作时最可增强我们自信的一个思想是：没有什么事情是你做不到的，如果你懂得把宏大的工程分解为许多细小部分，并从你最熟悉的地方开始做起，最后你能够完成的事业甚至会让你自己惊叹。他还用多少有些赏识教育意味的口吻赞扬家务劳动多么好，家务劳动是脑力劳动和体力劳动的完美结合，家庭主妇像一个皇后，把房间整理得井然有序，治理一块完美的小天地同样值得自豪，因为好的就是好的，"范围大小无关紧要"。

他关于领导的艺术谈论的可不是逃避领导的艺术。他比伊壁鸠鲁现实多了。帕斯卡尔说："幸福的人生是以爱情始，以雄心终。"莫洛亚补充帕斯卡尔的发现，说："最最幸福的人生莫过于实现了自己的雄心后，安静地死去。"他还说，一个人穿过50岁的阴影之后，就要承受衰老的打击，迎接一个不属于自己的时代，可是，做一个灵活而公正的旁观者，会感到一种静静的幸福。他认为明智地对待衰老的态度是：用工作不让自己衰老，同时接受自己已经衰老这个事实。

没有一本书能够解决任何一个人的人生难题，莫洛亚的这一本也不例外。但是，要是连一本类似《生活的艺术》这样的书也没有读过，我们的人生大概会困难更多……

德波顿的《旅行的艺术》

吃过很多宴席的人未必就是美食家，跑过很多地方的人未必就是旅行家。德波顿的《旅行的艺术》（上海译文出版社出版，2009年）向我们示范了什么样的人才算得上是一个旅行家或者说一个深谙旅行艺术的人——我这里说的当然不仅仅是德波顿本人。

这本书的结构一如旅行的实际发生流程：你总得"出发"，你的旅行当然是有"动机"的，你看见了不同的"风景"和人生，你感悟到了"艺术"和美的存在，然后你总得"回归"到庸庸碌碌的日常生活中来……旅行跟写作一样是"同构"的。这本书描摹的旅行又有两条线索：一条线索是"外向的旅行"，德波顿现身说法，他实际上抵达了一个又一个风景名胜之地；另一条线索是"内向的旅行"，他不断地深入自己的内心，倾听自己当下的感受，竭力地发现"内在的风景"。他的旅行一点都不轻松，但因此，这样的旅行不仅有意思，而且可以说是迷人的。

他很牛。他在每一站的行旅中都找来了"牛人"给自己当导游。在巴巴多斯，他的导游是于斯曼；在德国，他的导游是波德莱尔和霍珀；在阿姆斯特丹，他的导游是福楼拜；在马德里，他的导游是洪堡；在英格兰湖区，他的导游是华兹华斯；在西奈沙漠，他的导游是伯克和约伯；在普罗旺斯，他的导游是凡·高；在回味上述所有"景点"时，他的导游是罗斯金；在他自己居住的城市，他的导游是梅伊斯特……事实上，这些西方文化史上名气大小不一的人物只是"主要导游"，也有一些大名鼎鼎的人物充当了德波顿的"副导"，比如说，帕斯卡尔。值得一提的是，跑龙套的帕斯卡尔说的一句台词是"反旅行"的：人类不快乐的唯一原因是他不知道如何安静地待在他的房间里。

他是一个敏感而善于反省的旅行者，他分析过为什么对旅行的期待和实际的旅行是有"差异"的。他见多识广，告诉我们，艾略特指出过"波德莱尔……创造了一种新型的浪漫乡愁"，因为波德莱尔（还有霍珀）在类似加油站这样的地方也发现了诗意；福楼拜的旅行主要是被异国情调吸引，洪堡则是基于好奇心；华兹华斯赋予日常事物以新意，激发一种超自然的感觉；伯克对"壮阔"和"美丽"的区别是非常有意思的，他把壮阔比喻为"野牛"，美丽比喻为"耕牛"（仿此，我们可以说西藏的风景是野牛，而江南的风景是耕牛）。德波顿援引罗斯金的话告诉我们一定用绘画或者文字竭力去写下你对美的印象，不要被懒惰所驱使。

最有意思的是，德波顿还告诉我们，在自己居住的城市、小区甚至自己的卧室也是可以旅行的，梅伊斯特就写过《卧室

书游记

夜游》。这本书得到了尼采的激赏："有些人知道如何利用他们的日常生活中平淡无奇的经验，使自己成为沃土……"而德波顿得到的结论是："我们从旅行中获得的乐处或许更多地取决于我们旅行时的心境……"他接近了禅宗。

博尔赫斯的《八十忆旧》

　　博尔赫斯这个名字的意思是：有声音。一个终其一生读书、写书、待在图书馆里面的人，发出声音可能并不是他的初衷。他做梦、冥想、神游，然后，像一个练习听写的小学生一样，把听到的东西记录下来，不干预他要写的那些东西，他把写作的才能看成一种馈赠——这种馈赠有时在恍惚之中，他觉得是来自莎士比亚。

　　一个读者最需要的是一双眼睛。但博尔赫斯50多岁就双目失明，他的曾祖父、祖父、父亲都在这个年龄失明。他说，诗人就是把他经历的一切无论幸或者不幸都转化为诗歌。因此，失明也被他诗意化了："因为我发现我是在逐渐失明……它像夏日的黄昏徐徐降临……我开始发现我被包围在没有文字的书籍之中。然后我朋友们的面孔消失了。然后我发现镜子里已空无一人。"

　　他对名声之类的东西完全无所谓。他赞同狄金森的话：发表并非一个作家命运或者生涯命运的一部分。他说："我们写作，既不为少数人，也不为多数人，也不是为公众。我们以写作自愉，或者也为了使我们的朋友愉快。或者我们写作，也许

书游记

是因为我们需要打发掉某些想法……我们出版一本书是为摆脱它，忘掉它。"在博尔赫斯家里，你找不到一本他自己的书。

他认为第一流的诗人一定会写出坏诗，因为"只有二流诗人才只写好诗"。没有坏诗，好诗就显现不出来。他推崇的诗人有很多，比如说但丁，比如说莎士比亚。但他最喜欢的诗人是弗罗斯特。"他能写出看似简单的诗歌，但你每一次读它们，你都会挖掘更深，发现许多盘曲的小径、许多不同的感受。"他直截了当地宣布弗罗斯特是20世纪最伟大的诗人。

他在接受本书中的这些访谈时已经80多岁。因此他不止一次被问及死亡，谈到死亡。他把自杀看作是属于自己的一件强大武器，但他并不主张使用。他把死亡视为伟大的拯救，因为死亡可以把他完全抹掉，彻底湮没。"我视不朽为一件可怕的事……我肯定我个人不会永垂不朽。我感到死亡将被证实为一种幸福。除了被遗忘、湮没，我们还能期待什么更好的事呢？我就是这样感受死亡的。"

他说过很多有意思的话。他说，人群是一种幻觉，它并不存在。他说，被人拒绝或者拒绝别人，支撑了我们一生。他说，我们会有片刻的快乐，永恒的快乐是无法想象的。他说，我有一种感觉，我一直身在中国。事实上，博尔赫斯的世界跟我们的世界不一样。他一辈子没有读过报纸。他的世界在书本里。

很多人都喜欢杜尚的那本访谈录。但我想，博尔赫斯的这一本《八十忆旧》（作家出版社出版，2004年）如果不是跟杜尚的那本一样有意思，就是更有意思。或者说，更真实。

江本胜的《水知道答案》

　　江本胜的《水知道答案》(南海出版公司出版，2004 年)是一本有意思的书，它是江本胜玩出来的。因为听说世界上没有两片花纹一样的雪花，他就去拍摄水的结晶；拍摄中，忽一日有人问，如果给水听听贝多芬会怎么样呢？奇迹出现了：水的结晶美丽得惊人。进一步的设想就此展开，比如给一杯水贴上"你很美丽"的文字，水的结晶果然非常美，给一杯水贴上"你是混蛋"的文字，水的结晶就非常难看。原来，水能"读懂"文字？真是不可思议。

　　江本胜的解释应该是他后来想出来的：世界的本质有波粒二象性，我们看得见粒，却看不见波。《心经》中"色即是空，空即是色"，相当于说水波粒二象是可以转换的，色就是粒，空就是波。万事万物都有波动的频率，这波动的频率其实就是一种信息，水对这样的波动频率非常敏感，所以，看起来水好像是读得懂文字，其奥秘则是因为文字也是具有波动频率的……

　　不止以上那些说法。一个人心生爱意或者胸怀仇恨，其实是可以被人感知到的，频率相同的人会相互喜欢。一般我们都愿意接受让人愉悦的频率，而排斥那些令人厌恶的频率。恋爱、崇拜偶像、敬仰名人等方式，都能够提升自己的波动频率，发挥自己的潜力，完善自身，所以要多多恋爱或者是爱人。

江本胜对水的认识也超出常识，他认为水来自宇宙；水就是一种生命的实态；地下的水是"智慧之水"，刚刚落下来的雨水是"幼稚之水"；流动的水是好的，而静止的水不好；水需要的是尊重而不是净化；城市加了氟的水无法形成结晶，可谓死水。江本胜又说到意识能够转变物质，因为意识甚至情绪也是一种波，好的情绪跟负面的情绪波动频率是不一样的，如果怀着爱与感谢的心去喝水，水也会变得洁净。

江本胜的实验和他的理论涉及神秘的层面，他试图给那些神秘的关联以清楚、理性的说明，多波动频率的强调就是一个例子。当然，水结晶的实验不知道除了他之外还有没有别人做过。他的波动频率的说法并没有经过严格的科学检验，更像是一种猜想。他对水的说法更多的是诗意，也很可能是非凡的洞见，但毕竟没有经过论证。也就是说，如果抱着科学的态度，我们暂时还不能把这些说法当作是结论。

但是，他的这些说法跟传统的思想很吻合，有不少是经过历代很多人的实践的，比如心存善念的人会更健康，常怀感激的人会更幸福。我的一个朋友就利用江本胜的观念，对他自己的身体说爱，当然，还配合很多别的做法，成功逆转了癌症。

芥川龙之介的只言片语

芥川龙之介说："在神的一切属性中，我最同情的是神不能自杀。"芥川大概知道希腊神话中被阿波罗爱上的西比尔。阿波罗给了西比尔永生，但没有给西比尔永远的青春。西比尔虽说"我要死"，但她不会死。芥川后来是自杀死掉的。

我的《芥川龙之介小说选》已经泛黄了，它是人民文学出版社 1981 年 11 月出版的。最后部分是芥川的短语，他自己所谓"侏儒的话"，按照篇幅其实可以单独成篇。前面寥寥数笔，已见才情："《侏儒的话》未必能表达我的思想，它只不过是使人不时得以观察我的思想的变化罢了。与其说它是一根草，倒不如说是一茎藤蔓——而这茎藤蔓也许长着几节蔓儿。"

跟国内那些喜欢讲正确的话、一锤定音的话的人不同，芥川捕捉的是波动的情绪和瞬间的感受。"我没有良心，我有的只是神经。""我每每认为别人死了好，而在别人之中甚至也包括了我的亲骨肉在内。""我每每这样想：我迷恋她时，她迷恋我；我讨嫌她时，她也讨嫌我就好了。"这些都不是什么正确的话，确乎是一茎藤蔓而已。

他也有深刻的洞见，比如说，"道德是方便的别名，和'左侧同行'相似。""道德给予的是时间和劳力的节约，道德给予的损害是整个良心的麻痹。""强者可能是蹂躏道德。弱者可能是在蒙受道德的爱抚。遭受道德迫害的常常是强弱之间的人。"这些话明显是受了尼采的影响。当然，你仍然可以说他是思维方式不正确。

他评价人的那些短语也很独特："雨果像遮蔽住全法国的一片面包，然而不管怎么想，黄油抹得并不充分。""陀思妥耶夫斯基的小说充满了一切滑稽的画面。不过这些滑稽的画面的大部分，无疑是使恶魔也会感到忧郁的。""福楼拜教给我的也有美的寂寞。""莫泊桑像冰，有时也像冰糖。""森鸥外先生是一个军服上佩剑的希腊人。"

有时我会想到天才和自由。没有自由，一切天才最终会沦为庸才。有了自由，庸才也可能会偶尔闪现天才的光芒。说起来还是自由重要。随心所欲地写，按照自己的心愿去写，大概就是如此而已。然而，其实很多人没有自己的心愿，也没有自己的所欲。有的，不过是一些貌似心愿和所欲的东西。

芥川是拥有过天才和自由的写作者。他能够把很多微妙的感受表达出来："忍从是浪漫的卑屈。""我懂得不幸。懂得有时除了依靠说谎外还有不能讲出真实的不幸。""成功不一定是困难的。但是，欲望却常常是困难的，至少在成功上有所欲望的话。"真是体察入微的感觉。难怪可以写小说，并且是鬼才。

布罗茨基的《文明的孩子》

　　想想灵魂不灭是多么不可思议的事情。比如一本书就轻易实现了这种不灭。"常常，促使一个人拿起笔来写作的，正是这种对身后意义的渴望。"布罗茨基的话是对的。我看见了他的灵魂，《文明的孩子》(中央编译出版社出版，1999年)是他的灵魂。

　　如果布罗茨基还活在现时的中国，他会像某些教授一样去烧书吗？当然不会。他当然不屑于用那种哗众取宠的方式来招徕观众。关键的一点是，他理解坏书，也理解坏书的意义："一个作家要想写一本好书，他就必须阅读大量的低级书刊。"坏书是好书的可能的土壤。假如你足够自信，你几乎可以这么说。

　　但他强调在书籍的海洋上，需要罗盘。他指的不是书评。一种良好的趣味是他所谓的罗盘，罗盘只有存在于我们的心中，才是真正有效的。一个热爱阅读的人怎样才可以为自己找到这样的罗盘呢？布罗茨基提供的办法是：阅读诗歌。因为，"诗歌作为人类语言的最高形式，它并不仅仅是传导人类体验之最简洁、最浓缩的方式；它还可以为任何一种语言操作——尤其是纸上的语言操作——提供可能获得的最高标准。"

布罗茨基推崇诗歌语汇之精确、速度和密度。"作为墓志铭和警句的孩子，诗歌是充满想象的，是通向任何一个可想象之物的捷径，对于散文而言，诗歌是一个伟大的训导者。"布罗茨基所说的"散文"，指一切非诗歌的文字。诗歌天然具有使我们的视线和脑细胞摆脱那许多无用的印刷品的功用。具体的做法是：阅读母语诗人的作品。

我想起前些天在宽窄巷子，在白夜吧的隔壁，有人说到诗人。他感叹："现在这个年头，写诗的是疯子，读诗的是傻子。"如果大家真这么认为的话，那现在倒真是读诗的最好的时候，如果你还能写诗，现在也是一个非常好的时候。因为，诗歌以及诗人，向来就不会存在于热闹场合，寂寞是他们的另一个名字。

布罗茨基为母语是英语、法语、意大利语、葡萄牙语、俄语、波兰语的读者列出了一份他心目中诗人的名单。他不懂得汉语，这是遗憾，也是机会。

我又想起成都。诗歌选择了这样的存在方式，在餐桌上，一位同行的朋友背诵起她少女时期喜欢过的诗歌，那是席慕蓉的《一棵开花的树》：

如何让你遇见我／在我最美丽的时刻／为这／我已在佛前求了五百年／求佛让我们结一段尘缘／佛于是把我化做一棵树／长在你必经的路旁／阳光下／慎重地开满了花／朵朵都是我前世的盼望／当你走近／请你细听／那颤抖的叶／是我等待的热情／而当你终于无视地走过／在你身后落了一地的／朋友啊／那不是花瓣／那是我凋零的心⋯⋯

韦政通的《中国的智慧》

　　韦政通老先生 84 岁了，跟他握手的时候会感到他的温暖。陈椰介绍说韦老练气功。排毒的、美容的、醒脑的气功。"最重要的是坚持每天都要练习。"韦老说。在南山的新年酒店 405 号房间，他侃侃而谈。说他前一天在深大演讲了两个小时。就算是年轻教授也未必坚持得下来。他的身体好，这是当然的，但你能感觉到他是有一股子精气神，这是他之所以不倦的原因。

　　我们聊到中国哲学。聊到孔子、庄子、王阳明和王船山。聊到孙中山、蒋介石、毛泽东。聊到余英时、牟宗三、李泽厚等。中间他烟瘾上来了，到室外去吸烟。再进来时，我问他，听说您每天喝酒？他说，他从 6 岁就开始喝酒了。喝了一辈子的酒。过去是什么酒都喝。现在主要喝白酒。每次喝得不多，也就几杯。但有时高兴，就会喝得多一些。"比如说昨天，就喝了10 杯。"刘敬文说他一次采访韦老，韦老拎着酒瓶子就出现了。

　　韦老读了刘敬文采访的文章后，回信建议刘敬文读研究生，还从台湾给刘敬文寄来两本书。年轻时，韦老也做过记者，他不喜欢记者这个职业。"每天晚上花天酒地。被人家请到酒家去吃吃喝喝，其实做人家的工具。当然，有些人可能会觉得无所谓。但我就不行。难道我就这样度过我的一生吗？这是不能接受的。这是一个人天生的素质。"他后来选择做一个学者。

我问中国哲学跟西方哲学的差异。他说中国哲学强调怎样做一个人，强调人格的成长。他说王阳明的哲学相对单调，但好处是容易普及到老百姓当中。关于王船山，他说这个人的生命力实在太旺盛了。在那么艰苦的环境当中，著书立说，涉及文学、历史和哲学。"中国文化是文史哲不分家。他是通才。这样的人才现在没有了。"他对余英时评价极高，认为是史家第一人。

我最早知道韦政通其人，是20世纪的80年代了。那时的"走向未来丛书"有一本他的《伦理思想的突破》。其中谈到"第六伦"，讲公共关系的伦理道德。后来，我又读到他的《中国的智慧》。他长于写这样的书，宏观的、综合的、全面的、概论的书。这些书都可成为治学之人的案头必备之书。

他送我一本《中国文化概论》。这是岳麓书社2003年出版的。我不知道他手抖，书写很不容易了，请他给我签名。他认真而费力地写下他的名字：韦政通。这本书初写成于1968年。翻看了一下目录，不难发现，这是一本解决问题的书。想想80年代的很多讨论，要是见到这本书，就不必花费笔墨了。听说这本书在台湾一版再版。我打算利用最近的时间，好好读读。

舒国治的《理想的下午》

　　文如其人的一个意思应该是，有斯人，乃有斯文。比如台湾的舒国治，是有这么一个人，然后才有他的那些文字。他其实对写文字这回事不以为然，说："倘人够屌，是作家不是作家压根不重要。"

　　不止于此。他又说："乃在人不该找一个依仗，不管是依仗名衔（如作家，如教授，如部长，如总经理，如某人的小孩），抑是依仗资产（如八千万、一亿，如几万亩，如身上的珠光佩饰），皆是无所谓，并且益发透露其自信之不够。"

　　舒国治屌吗？大概是。他的屌是采取一种相反的方式，凡是一般人想要的，他都鄙视乃至唾弃之。人之最想要的当然是钱了。屌的人最热衷在这个地方表现他们的不屑一顾。比如，10年前，有人问，如果年薪600万请他去做一个公司的总经理，干不干？舒国治同学说，600万干10年，还是买不到一栋像样的房子；拿来花，买到的是劣质的享受，而且要用来交换的是最好的45岁到55岁。当然不干。既然过去不干，55岁到65岁这一生中最宝贵的10年还会去换吗？更不会了。其屌若此。

　　不过，如果舒国治没有那些文字，他的屌跟我们也就不相干。虽然他或许真的不依仗作家这个名衔，但我们看重的倒是他的文字。生活，我们一般也都会，但文字就不是每个人都会，至少不是每个人都愿意写的。写文章是一件辛苦的事情。

貌似我们也有过某个像样的下午。但我们未必写得出一个"理想的下午"："理想的下午，常伴随着理想的黄昏；是时晚霞泛天，袭人欲醉，似要替这下午的光亮渐次地收拢夜幕；这无疑教人不舍。然下午理想，或在于其短暂。"他或者得意于这篇小文，集子也因此名之为《理想的下午》（广西师范大学出版社出版，2010年）。

又如赖床，就是睡懒觉。热爱睡懒觉的人应该很多，但只有这个资深赖床的文人才观察得如此细致入微："端详有的脸，可以猜想此人长时没有赖床了。也有的脸，像是一辈子不曾赖过床。赖过床的脸，比较有一番怡然自得之态，像是似有所寄，似有所遥想，却又是不甚费力之遥想。"

没有办法，想到本雅明是很自然的，彼人也是一个晃荡的人，舒国治是台湾的本雅明。他到全世界的很多地方都晃荡过。当然，晃荡得最多的是台湾。为了一杯咖啡，他会跑到很远的地方去喝。早上5点的时候，他会出门晃荡，或者还在晃荡着没有回家。他对酒店的陈设有自己的见解，他的趣味近乎禅宗的那种极简主义。他对旅游指南怎么写，貌似最在行。他甚至示范了一篇《一千字的永康街指南》："公园底，向东延伸，是为卅一巷，巷内廿二号之'冶堂'茶文物空间，幽处其中，是极多远地游客发现最难忘的惊喜。"他这样写道。

艾尔金的《自求简朴》

台湾的作家施寄青说她"喜欢坐公车的感觉，那是一种乡愁"。她在《我的简朴生活宣言》中，说她穿平底鞋、不戴任何首饰、不化妆、住不到 50 平方米的房子、把读过的书送人……她对所有打禅、练气功、习静坐等活动都加以婉拒，因为现今的宗教场所反倒是欲望膨胀的地方，而"一个人如果不能自内心找到安宁，是不可能到任何地方找到的"。

施寄青的这篇文章是附在艾尔金的《自求简朴》一书里面的若干篇导读中的一篇。《自求简朴》英文版出版于 1981年，修订后于 1993 年再版。1981 年，中国刚刚开始步入工业文明的快车道。1993 年，一轮来势更加汹汹的商业大潮涌起。在这个方面，我们跟艾尔金身处的美国有很大"时差"。认为文明亦有四季的艾尔金认为，西方的工业文明从 1990 年开始进入它的冬季。在中国，工业文明则方兴未艾，介乎春夏之交。

艾尔金在书中号召人类从工业化时代向生态化时代转变。前者炫耀阔绰、自我认同、个体孤独、宇宙是物质、强调服务自我、盛行破釜沉舟式的竞争、大众媒介被商业利益支配、国家是救生艇、人类福祉依赖市场和官僚机构；后者注重节省、珍视个体、宇宙是生命体、强调服务生命、主张公平竞争、大众媒介为均衡发展服务、国家以地球为太空船处理各国关系、每个人有义务为人类福祉服务……艾尔金认为，除非我们迅速找到一种新型的文明，否则，工业文明会经历一个漫长的冬季。

一个自愿去做的事情，跟他被迫要做的事情是完全不一样的。所谓"自求"，是自己心甘情愿的；所谓"简朴"，则是"目标单一，内心真挚忠诚，避免外界的扰攘，舍弃那些与生活目标毫不相干的拥有……"，"过简朴的日子，就能把生活的内在心态与外在境遇，结合成既富有生气又富有意义的整体。"艾尔金特别强调，简朴不是贫穷。它是清楚区别了"需要"和"想要"的差异之后，把自己的欲望调适到"需要"的区间之内，把太多的"想要"——拒之门外。

概括而言，它是用一种极简主义的态度对生活做"减法"，使生活美学化、艺术化。艾尔金提出的减法包括：放松自己、开发潜能、亲近自然、关爱穷人、降低个人消费、改变消费形态、改变饮食习惯、减少喧哗和零乱、缩小居住环境、丰富沟通方式……稍稍留意一下，在我们的身边，做加法的人还是要远远超过做减法的。我们还是以多为美、以多为富足、以多为成功，这样一种流俗的价值观已经是一种根深蒂固的习惯。

当然，也不是没有"例外"，也不是没有以"无用"为人生目标的人。值得一提的是，我手上的这本《自求简朴》一书是一个朋友从无用品牌的创始人马可那里借来的。书上留下了马可阅读的痕迹。这本书或者是马可无用哲学的一个来源，至少曾经引起过她的强烈共鸣。

陈撄宁的养生经

经常看见有人在微博上晒失眠。我的朋友圈子里失眠的人也不在少数。过去见过一则统计资料说，都市里有睡眠障碍的人占到一个惊人的比例。失眠或者是抑郁症的一个表征，又或者是抑郁症的一个原因。总之不可轻视。

我大学时曾经有段时间长期失眠，眼见寝室里的同学睡得香甜，就你一个倒是愈夜愈精神，那是一种折磨。不过，彼时年轻，对身体精神方面的异动不以为意，后来又以运动作为调理，就痊愈了。顺便说一句：这个"不以为意"算得上是一味好药，对治百病是重要的前提。

即以失眠而论。睡不着当然是一个问题。但是，如果不以为意，问题就不至于太大。偶尔失一下眠，是人恐怕都免不了。最怕的是一失眠就忧心忡忡，觉得自己一夜不睡，损失甚大，命令自己当晚一定要睡着。这种暗示往往都是让自己兴奋的一个原因，结果一定睡不着。如此一久，就视上床睡觉如畏途了——这个担忧也是一种兴奋，就真的彻底睡不着了。

通常，如果有人问我，失眠了怎么办？我就会告诉她：首先是不要过于担心，没有什么大不了的。然后我会告知中国道家协会的前会长陈撄宁推荐过的静功——参见陈撄宁著《道教与养生》，华文出版社1989年7月出版——或者叫"听息法"，或者叫"庄子的心斋法"。《庄子·人间世》里面有段话："颜回曰：'敢问心斋？'仲尼曰：'若一志；无听之以耳，而听之以心；无听之以心，而听之以气；听止于耳，心止于符。气也者，虚而待物者也，唯道集虚。虚者，心斋也。'"

心斋也就是心理上斋戒，是一种精神修炼的方法。怎么修炼呢？先是要注意力集中。怎么集中注意力呢？就是关注自己的呼吸。怎么关注呢？不是用耳朵听，而是集中注意力去留意呼吸；慢慢连注意力这回事情也没有了，只有呼吸的进出，呼吸和注意力完全融为一体了，也就是听止于耳，心止于符的意思。先用注意力去听，慢慢不听了；关注气息相依，慢慢连气息相依也不知道了，只有气，只有虚，只有道。这样一种心理上的虚静状态，大致就是心斋了。

陈撄宁说，通过练习心斋法，神经衰弱包括失眠在内的病症基本上都是可以治愈的。其中的原理在于：这个练习可以让精神彻底放松，获得良好的休息。我的解释是：练习心斋法其实就是降低精神能量的损耗，也就相当于是给人的精神补充能量。能量充足的人一般是不会有什么问题的，而精神紊乱是最损耗能量的。

杜尚的"以无厚入有间"

一位海外的朋友曾经在电话中委婉地说，能不能不要那么热衷养生，多少写点正经文章？我所在的一个民间阅读小团体找人讲过几次养生之道后，就被"调低评级"……事实上，最早倡导养生之事的老庄在过去的哲学史上，往往被评为"消极"，他们的"处世哲学"大致是作为一种"反面典型"存在的。

在一般人的心目中，"养生"无非就是保养生命的简称。所谓保养生命，无非是颐养生命、增强体质、预防疾病，目的则是益寿延年。往往是人至老朽、无所事事就开始玩起了养生之道。如果养生家的境界真的不过如此，被鄙视、藐视、斜视都是活该。然而，起码庄子心目中的养生有另外的意思。庄子说："吾生也有涯，而知也无涯。以有涯随无涯，殆已！已而为知者，殆而已矣！为善无近名，为恶无近刑。缘督以为经，可以保身，可以全生，可以养亲，可以尽年。"

换言之，庄子的养生之论是一种人生哲学。他对生命的唯一与有限有极其清醒、极其现实的警觉。这一点不妨比对一下那些贪得无厌的人，他们一个个都好像觉得自己不会死似的。既然人生如此有限，那么，向外的无限寻索——东打探西打探，乃至无休止地追逐名利、权力等——不仅是多余的、徒劳的，而且是相当令人疲惫的。不如回到自然生命的本位，让此生圆满完成就对了。《庄子》里"庖丁解牛"的故事是一个绝妙的有关养生的隐喻，他"以无厚入有间"的妙喻真是启人遐思……

我因此想到法国的杜尚，现代艺术史上的第一人，其人正是一位"以无厚入有间"的异类。在《杜尚访谈录》(广西师范大学出版社出版，2001 年) 里，他说："我从某个时候起就认识到，一个人的生活不必负担太重和做太多的事，不必要有妻子、孩子、房子、汽车……这样，我的生活比之于通常人的生活轻松多了。从根本上来说，这是我生活的主要原则……还有，我没有非要做出点什么的压力，绘画对于我不是要拿出产品，或要表现自己的压力。"

还在物质主义不那么盛行的年代，杜尚就是一个非物质主义者，早早就开始做减法了。他做的乃是一种大减法，几乎凡人所要的，他都不要。这样的人在今天是讨不到老婆的，但他原本就不想要老婆。如果说这一点还不算难的话，那么，真正超尘脱俗的是他对功名成就的不以为然。我们常常看见很多非物质主义者对精神性的东西的那种贪得无厌，并且有一种没来由的骄傲，好像精神上的贪婪就不是一种贪婪。杜尚是连这精神性的东西也弃之如敝屣。

这是一种彻底的"无厚"了。他轻巧地说呼吸就是作品。天地间总有大大小小的缝隙是可以供他的气息吐纳出入的。我常常觉得庄子和杜尚是同一个人，尽管在不同的时间和空间中出现。其实杜尚是一个"养生主"。

书游记

李渔的睡眠养生法

　　萨特说："如果写不出《辩证理性批判》，身体好又有什么意义呢？"木心在《文学回忆录》里说庄子的时代"爱护生命是很大的快乐，不像后来堕落成'活命哲学'"，有些对养生不以为然的意思，跟萨特大致同调。季羡林说他的养生之道是"不锻炼、不挑食、不嘀咕"。何新说他的养生之道是"抽烟喝酒不运动"。何新的说法是季羡林的狂徒版，当然都是有道理的。

　　有句俗话说，养生的人死得快——这倒不是老天爷喜欢开玩笑，而实因有些热衷养生的人不懂辩证法，精神上太紧张，把养生搞成一件如临大敌、如履薄冰的事情，不早死就怪了。明末清初的文化大玩家李渔深谙此道，他在《闲情偶寄》一书的《调饮啜》中写道："《食物本草》一书，养生家必需之物；然翻阅一过，即当置之，若留匕箸之旁，日备考核，宜食之物则食之，否则相戒勿用，吾恐所好非所食，所食非所好，曾皙睹羊枣而不得咽，曹刿鄙肉食而偏与谋，则饮食之事太苦矣。"

　　因此，李渔在饮食一事上的主张就是顺其自然，想吃什么就吃什么，不过为宜。饮食如此，养生亦然。李渔是一个快乐至上的养生家，说"兹论养生之法，而以行乐先之"，事实上他是主张"事事求乐"的，对古代的道家术士不以为然："养生家所授之方，外藉药石，内凭导引，其藉口颐生，而流为放辟邪侈者，则曰比家。"作为一个儒生，他倡导一种平实简易的养生之道，他告诉你贵人怎么行乐，富人怎么行乐，贫贱之人怎么行乐，家庭中怎么行乐，旅途中怎么行乐，春夏秋冬怎么行乐，在日常生活中怎么行乐——诸如在行立坐卧中怎么行乐、在琴棋书画中怎么行乐、在宴会闲谈中怎么行乐，乃至在沐浴中、看花听鸟中、蓄养禽鱼中、浇灌竹木中怎么行乐……其中，李渔特别重视睡眠，他说："养生之诀当以善睡居先。睡能还精，睡能养气，睡能健脾胃，睡能坚骨壮筋。……是睡非睡也，药也；非疗一疾之药，乃治百病，救万民，无试不验之神药。"

有关睡眠，李渔说"由戌至卯，睡之时也。未戌而睡，谓之先时。过卯而睡，谓之后时。"晚上 7 点到 9 点之间就应该睡了，早上 5 点到 7 点就应该起了。午睡应该在漫长的夏天。适合睡觉的地方要安静、要凉爽。忙的人要把当天的事务在上半天就处理完了，晚上才能够睡得踏实。闲的人应该是睡着了比没有睡时快活，醒来了又比没有醒来时更快活。李渔特别强调不要做亏心事，睡得好，则一切自然都好。

李渔是一个活命哲学家吗？是又不完全是。他热衷谈养生之类的事情，但又没有妨碍他去著书立说。李渔文化上的成就当然不在现在非常时髦的木心之下。

凌志军的"康复九策"

我的一个朋友50岁那年，在单位例行体检中，查出胰腺癌。他过去一直以注重养生闻名遐迩，因此，连他自己都不相信诊断。找到数位中国顶级专家确诊后，他做出了一个大胆的决定，尝试另类疗法：静心、运动、一年内不沾油盐、专喝灵芝红薯叶液、采用心理暗示……一年之后，单位再度体检时，他的身体比过去任何一个时期都要好。

他到后院读书会讲述治愈癌症的故事。不少人将信将疑：当初的诊断一定错了；故事可能是编造出来的；另类疗法可能太特殊、太偶然了……你不难发现绝大多数人都把癌症等同于死亡。他们在意识深处不相信癌症是有可能被治愈的。如果死亡没有如期到来，他们就认为一定是某个地方错了。

畅销书作家凌志军2007年被检查出罹患癌症——脑瘤和肺癌，而且是晚期，"医生当时认为，我已经活不过3个月了"。但是，凌志军不仅活了下来，还在2012年出版了一本讲述他如何治愈癌症的书《重生手记》（湖南人民出版社出版，2012年）。这是一本新的畅销书。

按照凌志军的观察，中国的癌症死亡者三分之一是吓死的，三分之一是治死的。只有另外的三分之一是真正病死的。有医学权威指出，90%以上的癌症患者没有得到良好的治疗方案，符合规范用药者的比例不到20%。一旦被检查出癌症，往往医生说什么就是什么，正是如此，病人迅速走向了死亡……

凌志军这样概述他的治疗过程：切除了左肺的恶性肿瘤，未接受切除脑部肿瘤的方案，拒绝抗癌特效药，拒绝放疗和化疗，尝试用一些纯自然的方法恢复自己的体能。凌志军采用的也是另类疗法，他称之为"康复九策"：1．树立正确的治疗理念；2．改变自己的生活方式；3．每天做好五件事：吃、喝、拉、撒、睡；4．适量散步；5．多晒太阳；6．深呼吸；7．修炼一副好心情8．沐浴在家人和友人的关爱中；9．做自己喜欢的事。

饮食方面，凌志军奉行足够杂、足够粗、足够素、足够天然的原则。水每天喝2400毫升；要早睡早起，每天8小时睡眠；每天步行5公里，并结合晒太阳和深呼吸——他特别强调呼气要尽，"只有把腹腔内所有的废气排尽，新鲜的空气才能很顺畅地进入每一个角落"。一副好心情则要从容不迫，顺其自然。

但思维模式或者说基本观念更重要。如果你深信癌症是不治之症，或者治疗就是要把癌细胞彻底杀死、医生比我懂、越是大牌的医生越可靠、治疗的痛苦再大我也扛得住、特效药好、昂贵的药好、高营养的食物越多越好……那你离死就不远了。凌志军采取的态度是适得其反：癌症是慢性病、跟癌细胞和平共处、量力驱邪尽量扶正。健全的观念带给他自信、智慧和坦然。他从死亡的阴影中活出来不是偶然的。

书游记

李欧纳博士的《wabi-sabi》

我最近时常翻阅的一本书是李欧纳博士的《wabi-sabi——给设计者、生活家的日式美学基础》。据说即使是在日本，wabi-sabi是什么意思，也没有多少人知道。不仅如此，李欧纳倾心的这种日式之美，其实也在逐渐被遗忘中。

先来一段词语考古：中文直截了当把wabi-sabi翻译为"侘寂"。百度释义说，"侘寂是日本美学意识的一个组成部分，一般指朴素又安静的事物。它源自小乘佛法中的三法印（诸行无常、诸法无我、涅槃寂静），尤其是无常。所以对于这个词，我们或可以用'禅寂'来理解"。这段解释不能说不对，但多少有点隔靴搔痒。

李欧纳博士说：日文的wabi（侘）和sabi（寂）各具不同的含义。Sabi原指"孤寂""清瘦"或"凋零"。Wabi原指"出世离群""刻苦简淡地于大自然独居"……大约在14世纪，这两字才逐渐成为正向的美学价值观，总体来说，它意味着私密的、直观的、自然浪漫化的、原始气息的、温暖的、阴翳晦暗的、天然粗糙的、简朴的……或者指生活方式，或者指美学趣味。

古今中外概莫能外的一个趋势是：生活艺术总是会慢慢成为炫耀权力、地位、财富、名望等世俗价值趣味的一种软性包装。与此同时，也总是会有人会成为这一切的反对者。日本珠光大师反对把喝茶变成一种高级消遣，宁可用本地制作的、风格低调的茶具，这是 wabi-sabi 的最早渊源。当然，wabi-sabi 的真正集大成者是千利休，他是一个对世俗、流行的价值不以为然的人。他把"一期一会"的精神赋予茶道，强调回到"初心"，并最终至于"一心"。

"wabi-sabi"存在于无的边缘，一些褪淡的痕迹、一些薄弱的证据，在宇宙崩坏之后或者在宇宙重建之初，在初发或者凋零的瞬间才察觉它的踪迹，它们或者走向了可能性，或者远离了可能性。一个深谙 wabi-sabi 价值的人，明白所有事物都是非永存的，所有事物都不完美，所有事物都未完成。"伟大"总是隐藏在不显眼和令人忽略的细节中，他用足够的耐心和敏锐，在接近于不存在的地方感受存在。他知道美其实是一种意识的转变状态，在一种诗意或者优雅的特殊时刻，一切都值得欣赏或感激。财富、地位、权势和奢华，都不如懂得享受无滞碍的生活，这样的生活乃是维持一种"从物质中得到快乐"和"从不受物质的拘束中得到快乐"两者之间的平衡。

李欧纳博士把他写作这本书的动机，解释为"拯救美学的行动。"及至读完了这本书，我觉得我们未尝不可以把 wabi-sabi 作为一种人生救赎的启示，它呈现的是从世俗的滚滚红尘中抽身而退的草蛇灰线，有似乎不存在的可能性。

书评三则

《孤独六讲》

我们在后院读书会的时候，在那棵身影硕大挂满菠萝蜜的树下，刘敬文讲过蒋勋的《孤独六讲》。其实我没有把这本书读完。书是读不完的，不仅所有的书你读不完，就是某一本书也是这样。就算一本书被从头读到尾，是不是真的可以算是读完了呢？也不一定吧。

据说，蒋勋的这本书是2002年应台湾《联合文学》社之邀做的一次系列演讲。很像是一次漫谈，甚至有些喃喃自语的味道。你可以想象一个人端坐或者伫立在人群目前，却是在跟自己的孤独对话。我常常静下来问自己：我可以更孤独一点吗？因此，呈现出来的文字，不是什么逻辑雄强的推论，也不见井井有条的简洁，更像是时而絮絮叨叨、间或吉光片羽的沉思录，也就可以理解。

书分六篇，情欲孤独讲的其实是生命的孤独本质，因此可谓本书的总纲。人生来就是孤独的，因为生命被劈开了，只是一半，他或者她渴望完整，但注定是不会完整的，这是柏拉图在《飨宴》中说过的寓言。蒋勋说儒家文化不允许孤独。在这样的文化熏陶之下，也没有敢于孤独的人。但他说到竹林七贤，说到阮籍的长啸，那是一种孤独的大胆表露。其实，很多古典诗歌都推崇孤独，譬如王维的很多诗歌都是孤独自处的状态。蒋勋说："如果不活出孤独感，如果做不到特立独行，艺术、美是没有意义的，不过是附庸风雅而已。"

其余的几种孤独，是孤独的不同维度。语言的孤独，是你说得越多，就越是不能被理解。当然，现在的情况更是变了，罕有人愿意聆听了。革命孤独倒像是在说梦想和理想的孤独，革命一旦结束，梦想和理想的诗歌就被琐事俗情取代。暴力孤独讲的是人性中的那股不停歇的冲动，试图用暴力来打破孤独，也是一种惯常见到的情形。思维孤独讲的是思维的前提是走出群众，只有远离了群众，孤独自处，才有思考的前提。伦理孤独讲的是反省伦理的漏洞，思考伦理的荒谬。

很多话都是可以成为格言警句的。譬如，"其实美学的本质或许是——孤独。""一个成熟的社会应该是鼓励特立独行，让一个特立独行都能找到存在的价值，当群体对特立独行做最大的压抑时，人性便无法彰显了。""当你可以和自己对话，慢慢地储蓄一种情感、酝酿一种情感时，你便不再孤独。""当语言不具有沟通性时，语言才开始有沟通的可能。"如此等等，都非常精彩。

基本上，蒋勋的艺术气质强过哲人气质，是有哲思的艺术家。因此，他对遣词造句的精准似乎不以为然，更看重象征的表述和意会的传达。因此，他的这本书呈现出许多思考的碎片。对于那些惯于哲学思考的人，当然不会满足于此。

《1Q84》

村上春树的书是不可能不畅销的。很多人期待他。他的小说《1Q84》写一对 10 岁时各奔东西的 30 岁男女相互寻觅对方的故事。果然是太阳底下没有新鲜事。柏拉图在《飨宴》中的寓言，是永恒的母题。

有些论者说，《1Q84》是一本向奥威尔的《一九八四》致敬的书。不过，在我看来，与其说是致敬，不如说彼此之间是一种涵摄关系，这是村上热衷的一种写作技巧，譬如他的《当我谈跑步时，我会谈论些什么》，借别人的一本书的标题做做文章。也有中国的论者说这本书书名中的"Q"跟阿 Q 有关，这几乎是虚荣心作祟了，牵强附会得完全不着调。我的猜想是，Q 是英文的 question 的头一个字母，也就是有问题要发问吧。事实上，村上春树在接受日本《读卖新闻》采访时已经说得很明白了："不管喜欢还是不喜欢，目前我已经置身于这'1Q84 年'。我熟悉的那个 1984 年已经无影无踪，今年是 1Q84 年。空气变了，风景变了。我必须尽快适应这个带着问号的世界。"接下来的是一个带着问号的世界，这就是 Q 的意思。至于这段话的关键词则是"变了"。村上写作这本小说的情绪，类似叶芝的诗《一九一六年复活节》："一切都变了，彻底变了／可怕的美已经产生。"村上的雄心则是："我想将这个时代所有世态立体地写出，成为我独有的'综合小说'。超越纯文学这一类型，采取多种尝试。在当今时代的空气中嵌入人类的生命。"对最初的温暖记忆的忠贞，对美好人性的矢志不渝的寻觅，抗衡着带"Q"字符号的所有时代——这就是这本书。

《鱼丽之宴》

"鱼丽"这两个字，原来是见之于《诗经》中的《小雅》。鱼丽于罶，鱼丽于罶，鱼丽于罶……一再重复出现，仿佛音乐也是这样，重复起来，低回几次，始有一种气氛。"丽"是落入的意思，"罶"是一种渔具。鱼丽之宴无非是说鱼餐很丰盛的宴席吧。

一个人被记者逼着做访谈，多少有些"鱼丽于罶"的意思。一般老老实实地招供是一种状态，但木心不那么老实，水紧鱼跳，水不紧，他的鱼也喜欢跳。他的思绪和情绪，常常是吉光片羽的闪烁。

回答台湾的《联合文学》的一篇文章有他的履历：孙，东吴人氏，名璞，字玉山。后用"牧心"。"牧"字太雅也太俗，况且心猿意马，牧不了。于是乎就"木心"了。8 岁画画，14岁写诗，到 22 岁时，还是埋头苦写，集成 20 本书，都是自编的手抄精装本。"写作的习惯呢，说来真不怕人见笑，地下车中写，巴士站上写，厨房里一边煮食一边写，并非勤奋，我想，不写又做什么呢？便写了。""进度一天通常是 7000 千字，到半夜，万字，没有用的，都要反复修改，五稿六稿，还得冷处理，时效处理，过一周、10天，再看看，必定有错误发现。"

他随随便便一开口，意思就很妙："初读米开朗琪罗，周身颤栗，就这样，就是这样，就是这样了。我经历了多种'置之死地而后生'，一切崩溃殆尽的时候，我对自己说，'在绝望中求永生'。常见人驱使自己的'少年''青年'归化于自己的老年。我的'老年''青年'却听命我只记得'少年'"。说得真是好极了，我们这些急急忙忙去赴成熟之宴的人，其实就鄙俗不堪。说起艺术道路，他说："我选择艺术作为终身大事，是因为这世界很不公平，白痴可以是亿万富翁，疯子可以是一国之君。艺术则什么人做出什么艺术品来，这个一致性我认为是'公平'。"是啊是啊，不要太把亿万富翁当回事，不要太把一国之君当回事。如果要崇拜，崇拜艺术家好了。说到一本好书，他说："凡是令我倾心的书，都辨不清是我在理解他呢，还是他在理解我。"浑然一体了。他说，现在的中国文学不行，不是知识贫乏，而是品性贫乏。很容易就获奖了，成名成家了，都是梦想成真的味道，有受宠若惊的，有受惊若宠的，就是没有宠辱不惊的。所以，也没有什么好说的了。他又说："我们时代是人类文化的中年期……童年幼年是热衷，青少年是热情，中壮年是热诚。"因此他认为文学的第一件事是诚。

他有些事看得很透："不要名不要利，是强者，而多半是无能的弱者，我不取'陶潜模式'，宁择'王维路线'……"

诚，专注，一心一意，这就是木心向我们呈现出来的品性。有斯人，然后有斯文。读《鱼丽之宴》，信然。

一句话书评

《宽容》：说起《宽容》就想起房龙。是房龙告诉我们，不要对思想上的千姿百态感到心慌气短，因为大自然从来都不主张整齐划一——这就是我们之所以要倡导宽容的真谛。

《释梦》：看似虚无缥缈的梦幻，其实有着深沉的心理动机。弗洛伊德揭示了这样一个真相：人们的意识只是冰山之一角，潜意识才是整个冰山。

《一九八四》：迄今为止，奥威尔的《一九八四》仍然是一种有效的信号，它号召人们跟一切智慧思想、细腻感情、美丽事物的敌人进行抗争。

《美的历程》：李泽厚用删繁就简三秋树的手法，渲染了一片标新立异的中国美学世界的二月天。《美的历程》对中国不同历史阶段美学形态的传神写照，使每一个读到它的人也顿时变得气韵生动起来。

《生命中不能承受之轻》：形而上者谓之道，形而下者谓之器。道无形亦无重量，这就是轻。是媚俗，还是在媚俗的洪流中逆泳？这个昆德拉式的问题，拷问着每个人的灵魂。

《陈寅恪的最后 20 年》：在陈寅恪的身上，我们很容易就感知什么是中国知识分子的铮铮风骨。陆键东不仅为我们刻画了一个真实可信的大师形象，而且给当代中国的文人提供了一个价值标杆。

《日瓦戈医生》：洪流越是浩大，灵魂越是孤单无依。帕斯捷尔纳克用生命的毁灭、爱情的绝望、家庭的破碎、良知的挣扎记录了大时代中知识分子的心灵史，哀痛绵绵，感人至深。

《围城》：城外的人想进来，城里的人想出去，这是人性永恒的困惑与律动。钱锺书在《围城》一书中揭示了人性的种种可叹、可悲、可耻、可笑、可怜，他匪夷所思的比喻和离经叛道的想象，为我们带来了无尽的愉悦。

《瓦尔登湖》：《瓦尔登湖》是诗人徐迟的理想国，是诗人海子的圣经。梭罗的瓦尔登湖，展示了物欲被成功约束之后，我们获得了精神的丰盈以及整个世界的洁净。

小津说他是卖豆腐的

《我是卖豆腐的，我只做豆腐》是小津安二郎的散文集。一本好的集子似乎应该就是小津这样的，看看目录就知道他要说些什么：第一辑讲他的导演之路；第二辑谈他的电影观：电影没有文法、无视电影的文法、国产片应该国际化等等；第三辑还谈电影观，不过思考的地点是在战场上；第四辑收一些信件；第五辑的标题是"活在对电影的爱情中"……

小津说他当上导演是因为一盘咖喱饭。大致的经过是：小津还在做导演助理时，把吃饭当作是唯一的享受。一天，拍摄到很晚，小津饿极了，好不容易看见一盘咖喱饭就要到自己的面前，却被人端给导演，气得小津大喊："上饭，按顺序！"因为这个表现，传到厂长的耳朵里，于是厂长找他"拍部电影来看看"，小津就开始了他的导演之路。

年轻时薪水很低似乎也是一件好事，因为小津努力工作，比如剪片、写剧本，有时就是为了赚点零花钱。及至成了导演，小津有过连续五天不合眼的纪录。小津解释他单身不是因为抗拒什么，而是不自觉就这么下来了。他不认为没有结过婚就无法描绘中年哀乐。在他当了 36 年导演之后，小津说他拍过的 50 部电影没有一部是乱拍的，而且，"今后只要精神允许，我会一边小酌喜欢的酒，一边以小津调继续拍电影"。

小津不在乎拍摄电影的文法，比如 A 和 B 的视线要在观众席上交叉。他的一些拍摄文法全世界没有第二个人使用。因为，小津认为，"电影不就是应该轻松悠闲地拍摄吗？"他也不用淡出淡入的文法。小津说："电影感染力的本质，应该是自己想过一遍，再去思考如何将这个想法诉诸观众的内心，接下来就可以实地进行。这看起来微不足道，但是感觉敏锐的人都会这样做。"

小津对女演员的看法很有意思，他说："就我长期对女演员的观察，新人时期是独行侠的会成为好演员。经常有好友作陪、走到哪里都结伴而行的，通常成不了大器。因为她们会顾虑彼此。"他对女演员原节子评价极高，原节子是那种"能够深入理解揣摩而展现精湛演技的女演员"，是最好的日本电影女星。

我特别赞同小津的一个电影观：电影是以余味定输赢的。小津说："最近似乎很多人认为动不动就杀人、刺激性强的才是戏剧，但那种东西不是电影，只是突发事故。难道不拍事故、单纯以'是吗''是这样啦''就是那样啦'的调调就无法做出像样的事故吗？"他不把商业跟艺术对立，反而特别强调有艺术才有商业、有商业才有艺术的看法。在今天也是很新鲜的……

这本散文集子也是一本自我解构的书，比如小津的"榻榻米角度"其实因为"地板上到处是电线，所以干脆不拍地板，将摄影机朝上"。小津就用这样闲闲散散的口吻聊天，率真质朴，一如他的电影。

娱乐时代的娱乐性阅读

那天在香港书展的一个座谈会上，我说到中国人的阅读，大致有过三种形态：一种是功利化的阅读，一种是知识性的阅读，还有一种是娱乐性的阅读。第一种阅读以科举时代为典型，读书的首要目的是为了科举考试，为了学而优则仕，所谓"书中自有黄金屋、书中自有颜如玉"乃是这个语境中的产物。第二种阅读开始于五四运动之后，因为西方的科学跟民主进入中国人的意识，于是有了对纯粹知识的求知欲望，这种阅读在 20 世纪 80年代之后出现第二波的高潮，"知识改变命运"乃是这个语境下的产物。

至于第三种阅读大致始于 20 世纪末期，于今愈演愈烈。前些年波兹曼的《娱乐至死》一书流行，最后，很多人都记住了"娱乐至死"这个短语。波兹曼非常深刻，他告诉我们为什么电报发明之后，远在天边的事情更被我们关注，生死大事会成为一件娱乐。诚如是，我们看美国人攻打伊拉克，就好像玩电子游戏，死人不再是大事。这样的文明延续下去，结果将会如何？波兹曼不禁忧心忡忡。

但是，有另外一面。昆德拉把玩笑当作是专制统治的解毒剂。专制主义者都严肃极了，他们认为自己掌握了真理，他们认为世界上有真正的大事，他们要号令天下一起来实行……面对这样的专制统治者，昆德拉的办法是先笑一会儿。因此，娱乐化时代有诸多坏处，但也有好处，就是大家拿很多人、很多事、很多说法当笑料看。笑的人多起来，民主社会就有了群众基础和意识基础。所以，娱乐至死，至少要看是在什么环境中。

事实上，麦克高希的《世界文明史》一书中，归纳出古往今来的五大文明形态：政府文明、宗教文明、科学文明、娱乐文明、计算机文明。麦克高希说："将娱乐作为取代过去 500 年的新文明的基础，这似乎有点奇怪。然而，它占优势地位的文化表征在 20 世纪晚期正发挥着强烈的吸引力。计算机图像创造了一种新的引起视觉感观兴奋的景象，以及从能产生幻觉的机器中得到乐趣的新的机会。"

有关麦克高希的娱乐文明的论述此处不展开。我要说的是，在娱乐文明的时代，对娱乐化的趋势与其抵拒，不如接纳。以阅读为例，如果我们把阅读当作一件能够带来愉悦的事情，那未必不是美事一桩。比如，书籍作为一种居家的氛围，成为一种社交的媒介，成为一种话题由头等，没有什么不可以的。一些对阅读一事抱有一种原教旨主义观点的人认为，阅读当然只能在家里进行，阅读是个人之事，任何以书的名义进行的喧哗、炒作、做秀都是应该鄙视的。但我的看法正好相反，一切通过阅读或者经由书籍带给我们愉悦感乃至幸福感的事情，本身就是书籍的价值所在。

王若叶的《用年表读通中国文化史》

我对历史一向抱有很深的偏见，盖因为我觉得历史都是过去的事情，只需要记住或者查阅，不大需要智商。但事实上，好的历史不仅要告诉我们发生过什么，还要让后人明白为什么会发生，乃至进一步揭示所谓的"历史必然性"。黑格尔是历史规律论之集大成者，影响深远，我们今天动辄说到历史必然性，跟他应该有很大关系。至于我们这一代人所受到的历史教育，认为原始社会、奴隶社会、封建社会、资本主义社会、社会主义社会、共产主义社会是人类社会的必然演变，其中，社会主义社会是共产主义社会的初级阶段……

要找到一本有新意的历史书不容易。新意也包括写法。及至我看见台湾历史学者王若叶的《用年表读通中国文化史》，觉得这本应该就是了。有关这本书之新意，用作者自己的话来说，就是：从条目的编排，读者应可发现本书虽名为文化史，实则包含社会文化的整体观察，对宗教、民族议题都有涉及；本书不采用传统的改朝换代法，改采社会文化史的视角，依时代氛围和变革程度，区分为"上古、古代、中古、近世、近代、近现代"。最具新意的是：本书采用一种年表的方式，到了什么年代发生过什么事情一目了然，其中，被保留下来事件的都是经过了"筛选"的。这个"筛选"非常重要，见及于本书的，都是重要的资讯。

看看历史断代的时间划分：上古史开始于距今 170 万年前，到公元前 770 年周室东迁为止；古代史结束于公元 105 年；中古史结束于公元 907 年；近世史结束于公元 1368 年；前近代史结束于公元 1792 年；接下来就是近现代史了，该书近现代史的下限是 1989 年。这样一个划分的好处是，把我们根深蒂固的社会阶段史论淡化掉了。而在涉及朝代更替方面，清之后是中华民国，1949 年之后则为中华人民共和国——要知道这可是台湾学者的历史著作……

上古史中有意思的资讯包括：全部人类有同一个祖先，就是 20 万年前的非洲"夏娃"；炎黄可能只是族群的代名词；封建制度，就是封而建之，封建制跟后来的郡县制相比对。古代史方面，春秋战国时期哲学的突破以及儒教国教化的过程，值得留意。中古史方面，亚洲名族大迁徙——汉民族大规模迁居江南，而"五胡"潜居华北，都是世所罕见的移动；前近代史方面，政治中心的北移、阳明学的兴起、耶稣教士的东来等；近现代史方面，启蒙与救亡的摆荡以及马克思主义在中国，都有意思。

一本《极简欧洲史》曾受人关注。王若叶的这本也有极简的意思。不过，赫斯特的那本书在解释欧洲文明何以为欧洲文明方面论述极为精彩，是王若叶的这本书无法相提并论的。

解决问题终归是最重要的

《工具》一书的作者是美国心理学家菲尔·施图茨和巴里·米歇尔斯，译者是台湾的王莉莉，由北京联合出版公司出版。菲尔和巴里的心理治疗诊所因为拥有一些好莱坞客户而知名，其中一些客户还是奥斯卡奖的得主。

这本书很容易读，它讲了很多个案，因为它讲故事的叙事方式，当然还因为它的别开生面：由于菲尔是一个"不受体制约束的精神科医师"，他几乎不去分析患者问题的成因，而是直截了当地解决患者的问题，这些解决问题的办法就是"工具"。菲尔说，工具不是让你调整态度，而是立即行动，改变你的行为。"要控制行为，你必须在特定的时间，使用特定的程序来解决特定的问题。那个特定的程序就是工具"。

他们给出了五大工具，分别是逆转渴望、主动联结的爱、内在权威、感恩之流、危机。每一种工具的背后，都有一种具体的"更高驱力"。逆转渴望背后的更高驱力是"向前进的驱力"，主动联结背后的更高驱力是"满溢的爱"，内在权威背后的更高驱力是"自我表达的力量"，感恩之流背后的更高驱力是"感恩"，危机背后的更高驱力是"意志力"。

书游记

"更高驱力"多少有点神秘。菲尔说："工具最深远的价值是，它能引领你超越自己脑子里发生的一切，让你跟一个比你大得多的世界———一个拥有无限力量的世界相连。不论你想称之为集体无意识还是精神世界都无所谓，但我发现把它称为'更高的世界'最简单，而它所包含的力量，我称为'更高驱力'。"

并不是随便一个什么工具都可以跟"更高驱力"发生联结。现在这"五大工具"是经过两个心理学家反复实验归纳出来的。像很多人一样，菲尔的搭档巴里一开始也不明白"更高驱力"是什么意思。经过 25 年的合作之后，他这样说："我越使用工具，越清楚这些驱力是'穿过'我，而不是'从'我身上产生的——这是来自别处的礼物。它们带着一股非比寻常的力量，让我做到之前从未做过的事情。随着时间过去，我能够慢慢接受，这些新的力量由更高驱力赋予我的。我不仅体验这些驱力 25 年，还有幸可以训练患者稳定取用它们。"

你不难发现这个"更高驱力"的说法跟很多宗教的说法有相似性，比如：上帝、道、佛、神、梵天……但是，菲尔和巴里没有这样去比附，他们用自己发明的工具去感受"更高驱力"的存在，这个做法富有启示性……就像一切宗教都格外强调"信"一样，他们也强调信念。因为强烈的信念，你可以比较容易地跟"更高驱力"发生联结。巴里现身说法，因为他的身上流着怀疑的血。既然最后连他都能够相信更高驱力，建立信念，他坚信一切人也都能。

关于禅净的一点随想

前两年读贵州小说家何士光的《今生》一书，里面谈到他如何最终找到了净土宗，作为此生安身立命的信仰。最近翻阅黄家章博士的《印光思想、净土信仰与终极关怀》（社会科学文献出版社出版，2013 年），想把《今生》找出重读，但遍寻不获，不知道藏到什么地方去了。

净土宗是中国佛教八大宗派之一，创自唐代，流行于宋代，自明清以来，禅宗与净土宗脱颖而出，成为中国佛教的主流，现在随便一个庙里，几乎都会有"南无阿弥陀佛"的唱诵；随便到一家什么书店，里面少不了禅宗的各种著述……即为明证。

当然，中国佛教的八大宗派都会宣称自己源自印度。但胡兰成在《禅是一枝花》里，干脆说"禅是中国的思想，非印度所有"。我喜欢这个说法的直截了当。禅是极简主义的佛学。宗萨钦哲仁波切在他的《正见》一书里，也走极简的路子，他说，一个人如果接受"诸行无常，诸漏皆苦，诸法无我，涅槃寂静"四项真理，就是佛教徒，其余都不重要，这也是极简。

但不能忘了，禅宗跟净土比起来，还嫌复杂。净土宗把佛

书游记

教信仰浓缩为"南无阿弥陀佛"六个字，如果是默诵，则"阿弥陀佛"四个字就够了。我想仿照胡兰成也说一句：净土是中国的思想，非印度所有。原因之一大概是：印度人喜欢繁琐，中国人则酷爱简洁。

禅宗跟净土比较起来，我觉得禅宗更像是一种生命哲学，无怪乎知识分子更偏爱禅宗一些，比如台湾的林谷芳，禅者在他，更像是一种融合了宗教、哲学与艺术的文化身份与生活方式。净土则更像是一种信仰，净土有彼岸，如所谓"西方净土极乐世界"，简称"西方"；净土更在乎"了生死"的大事，乃至于最终将死亡的情绪，转悲为喜、转不幸为大幸，这些禅宗似乎相对忽略之；禅宗喜欢玩索公案，追求顿悟，而净土更重修持，比如念诵"南无阿弥陀佛"就是修行，如此等等。

印光是与虚云、弘一、太虚并列的"民初四大师"，甚至有人认为印光是四大师中第一人。印光法师是"念佛主义"的倡导者跟力行者。在比较禅、净时，印光认为："二法相较，净最契机。如人渡海，须仗舟船，速得到岸，身心坦然。末世众生，维此堪行，否则违机，劳而难成。"至于"持名"或者说"念佛"为什么能够普摄上中下三根，为什么就能够"用"，印光说："持之久久，心佛一如，不离当念，彻证蕴空。妄想执著既灭，智慧德相亦泯，随其心净，则佛土净，不离当处，冥契寂光。唯此一处，方是吾人究竟安身立命之处。"

以上有关禅净的一点随想，都是因翻阅黄家章博士的《印光思想、净土信仰与终极关怀》一书而获得。黄家章博士以15

年之功力，写成是书，堪称目前印光思想研究之集大成者。而其中将净土宗置诸世界宗教视野中予以观照，比如终极信仰的比较等，创获亦多，尤其发人深省。

有关"礼乐"的阅读札记

　　我在青年成长时期就知道"礼崩乐坏"这个学术成语了。后来大学学哲学，时不时接触到"礼乐"这个概念，孔子说："天下有道，则礼乐征伐自天子出。"老师们上课，都假定"礼乐"是一个不言自明的词语，很顺溜地就滑过去了。但我算是不疑处有疑："礼"的意思固然清楚明白，"乐"是什么意思？按照一套礼仪然后"八佾舞于庭"就是乐吗？很多书上都是这样解释的。现在我们百度"礼乐"，它也这么说："礼乐制度分礼和乐两个部分。礼的部分主要对人的身份进行划分和社会规范，最终形成等级制度。乐的部分主要是基于礼的等级制度，运用音乐进行缓解社会矛盾。"这里，乐就是音乐，作用则是快乐……

　　前些天读日本讲谈社的《中国的历史》，第一卷是宫本一夫的《从神话到历史》，其中讲到"牺牲与乐器"。宫本一夫说："值得重视的是，这些乐器不曾出现在低于首领阶层的被葬者的墓中，而是仅为男性首领墓所独占。也就是说，这些乐器已成为男性首领社会权威的工具。到了商周社会，乐器与身份秩序相关联，以'礼乐'的形式成为封建社会的社会秩序。"在另一处，宫本一夫写道："在新石器时代后期的陶寺墓地中，

'乐'作为首领统治权正当化的标志，为首领独占。"

说得很清楚明白了，具有功能性的乐器，其实不是一件简单的乐器，它其实是权柄，拿在手上就等于告诉你谁是"大小王"，谁是权力核心……换言之，礼乐文化其实就是一套扑克牌文化，明白谁是大小王，搞清楚 JQKA 的尊卑，熟悉 2345678910 的顺序……按照这些尊卑有别、贵贱有序的游戏进行政事以及其他，就是礼乐制度。不按照这些游戏规则来玩，就是礼崩乐坏了。利用音乐来缓解社会矛盾的意思这里是并不存在的。

显然，"八佾舞于庭"不是什么艺术活动或者娱乐行为，它大概是一种小型的、生活化的典礼仪式，通过一套外显的行为方式，向大小王们宣示服从效忠之意的同时，顺便让参与游戏的每一个人都明确自己的身份地位。典礼之重要，仪式之重要，行为之重要，可以参见詹姆斯的"表现主义"原理——用行为而不是思想来确定一个人的观念——中国古代的人真是厉害极了，他们早詹姆斯 2000 年就懂得表现主义的原理。

李泽厚是研究中国古代哲学的大家了，他说到"乐"也强调其为音乐的"和"一面，不知道这里的"乐"其实是权柄。易中天在他的《易中天中华史》一书中说，远古的礼乐，是神的盛宴，是爱的盛宴，做爱，以神的名义，在神的面前。饮食男女是祭祀仪式和篝火晚会的主旋律……都可能是对的，也都是想象。至于商周的"礼乐"制度，则当然是政治而不是娱乐。明乎此，才能够体会为什么孔子会对"礼崩乐坏"那么痛心疾首。

人是全部演出的总和

　　麦克高希的《世界文明史——观察世界的新视角》是一本别开生面的书。他的这本历史著述用两条线索贯穿始终：一条线索是权力组织，另一条是文化技术。麦克高希说："每一种文明都是以占主导地位的文化技术的引入为开端的。"——这一文化技术的历史观在今天具有非同寻常的解释能力。

　　麦克高希用最简单的形式构思出历史的三个主题并以之描述历史：从前文字社会到文字社会再到后文字社会。公元前3500年到公元前3000年，在埃及和美索不达米亚出现了第一个文字文化，同时，前文字社会继续存在于那些游牧和部落生活的地方。同样的，20世纪，电子录音和通信技术广泛运用，后文字文化率先出现在富裕的西方社会，并向其他社会蔓延，文字社会与文字文化当然同时存在。

　　一种新的文明随着变化的文化技术到来，在一种新的文明中，价值观、规范以及游戏规则也随之变化。举例来说，在文字社会，作家的地位尊崇，但在后文字社会，演员的地位尊崇。我们会说电影是某个导演的，而不会说是某个编剧的，即使大家都知道剧本是一剧之本，但是，码字人的重要性远远不及运用新文化媒介的导演。后文字社会是一个口语社会，言说的重要性日渐凸显，演讲的能力比写作的能力要来得更有价值，美国的总统都有不俗的演说能力。电视台的节目主持人比较容易成为明星，而写作的人除非同时善于运用声光电之类的新媒介，否则不大可能具有强大的影响力。

在文字社会，书籍、写作和阅读受到推崇。但在后文字社会，虽然书籍、写作和阅读的价值依然重要，但已经不是那么重要，因为我们可以把形象、声音等直接呈现。在后文字社会，表达不再局限于文字，一个人站出来演出的机会越来越多，"作秀"不再是一个贬义词，"作秀"的能力是一个人的核心竞争力。在后文字社会，我们有机会修改人的定义：人就是全部演出的总和。在一个重视演出的社会，我们对人的评价的侧重点会从道德伦理，转向美学艺术……

后文字社会来得如此迅猛，以至于我们对这个新文化的估计大为不足。人就是如此，容易被前一个社会的诸多规范所约束。比如，我们很容易对波兹曼的"娱乐至死"这样的短语产生共鸣，但麦克高希明确无误地指出，娱乐是新文明中的重要价值。不少文化人、学者会认为保守是一种必要的、重要的姿态，他们拒绝到电台、电视台去抛头露面，但更多时候仅仅是因为缺乏运用新媒介的准备。读了麦克高希的这本书，我们就该知道，当一些新的文化技术出现了之后，忧心忡忡是不必要的，积极的态度是顺应潮流、接纳拥抱，因为历史确实就是这样被文化技术推动着往前走的。

昆德拉的哲学琐屑录

老了的昆德拉是越来越哲学了。他的新书《庆祝无意义》有小说的形式，精神却是哲学的。把这本书定义为小说，当然是因为昆德拉的小说家身份。但如果它是某个哲学家写的书，我们说它是哲学著作也说得通。当然，在我们这个越来越充满了"复杂的综合体"的世界，跨界的结果、模糊界限的行为，都可以制造陌生并带来惊奇，不同文体的边缘或者说接合部，总是有更多的可能性……

既然这部 3.5 万字的小书的主旨是"无意义"，那么就先谈谈无意义。至少在两个地方，昆德拉借拉蒙之口说到无意义。开始的时候拉蒙说到的无意义，更多的是对"有为"的否定，对"才气"的否定，对"语言"的否定。即使是勾引女人，你的逞才使气、你的挖空心思、你的百般讨好，都是徒劳无益的——拉蒙捎带分析了一下其中的原因：因为在这样的男人面前女人也要让自己变得高明，那是一件很累的事情，而一个无为的男人则让女人松弛，所以后者更容易得手。

在小说快要结尾的地方，还是拉蒙，再一次说到无意义。这一回拉蒙直接说到无意义的是生存的本质，世界一如它所是的样子呈现，没有附加什么意义，既无用又无意，但它就是美，它导致智慧，也导致好心情。必须说，这里的无意义仍然承接了前面对有为之类的人类行为的否定，不过，这一层意思隐遁了，转为对无意义的直截了当的畅饮。昆德拉在他晚年的时候似乎靠近了东方哲学，比如中国的道家、禅宗等，虽然他不用也不能把这个意思说得更为详尽。

这个核心思想建构之后，大部分都是一些哲学的琐屑录。斯大林对康德的"物自体不可知"的批判，对叔本华的意志哲学的发挥，对极权独裁者的疲惫，既戏谑又深刻。他对加里宁格勒这个命名的来龙去脉的剖析，深入到历史的心理层面，是一个非小说家不能办到的、耐人寻味的、了不起的刻画。阿兰的母亲对人类之树的那种绝望的感受，跟流行一时的存在主义思想非常接近。甚至对女人的性感中心如大腿、乳房、臀部以及肚脐的含义的联想，也非常富于昆德拉式或者说是法国式的睿智、机敏和幽默……

但无疑，《庆祝无意义》是昆德拉的哲学琐屑录，恐怕只有在欧洲或者法国那种文化传统和社会氛围里，才会出现这样的小说，这是智性的小说，昆德拉衰老到了也老练到了这样的地步：他可以把故事、情节尽可能地省略，只留下思想、言谈的素描，只提供一幅幅抽象的肖像就可以完成一部小说。他带动我们从一个思想的维度去观察和思考就够了。至少，在法国，这样的写作传统与这样的阅读习惯，都是一直存在的。比如帕斯卡尔、巴特、波德里亚，只不过这回昆德拉用小说向他们致意。

本色文丛

　　本色文丛是我社策划的系列图书，持续组稿编辑出版。丛书力图给喜欢品味散文随笔、全民阅读与图书文化、名人日记与学术札记、海外文化的人士，提供良书与逸品。

本色文丛·阅读文化

《淘书·品书》　　　　　侯　军著　　32.00元

《西风·瘦马》　　　　　沈东子著　　32.00元

《书人·书事》　　　　　姚峥华著　　28.00元

《文学赏心录》　　　　　杨　义著　　30.00元

《文学哲思录》　　　　　杨　义著　　30.00元

《闲人，书生活》　　　　胡野秋著　　32.00元

《〈管子〉警句名言启示录》　陆德生著　29.00元

《书游记》　　　　　　　王绍培著　　32.00元

本色文丛·散文随笔（柳鸣九主编）

《往事新编》　　　　　　许渊冲著　　29.00元

《信步闲庭》　　　　　　叶廷芳著　　29.00元

《岁月几缕丝》　　　　　刘再复著　　29.00元

《子在川上》　　　　　　柳鸣九著　　29.00元

《榆斋弦音》　　　　　　张　玲著　　29.00元

《飞光暗度》　　　　　　高　莽著　　29.00元

《奇异的音乐》　　　　　屠　岸著　　29.00元

《长河流月去无声》　　　蓝英年著　　29.00元

《青灯有味忆儿时》　　　王春瑜著　　28.00元

《神圣的沉静》　　　　　刘心武著　　30.00元

《纸上风雅》　　　　　　李国文著　　30.00元

《母亲的针线活》　　　　何西来著　　28.00元

《坐看云起时》　　　　　邵燕祥著　　28.00元

《花之语》　　　　　　　肖复兴著　　30.00元

《花朝月夕》　　　　　　谢　冕著　　28.00元

《无用是本心》　　　　　潘向黎著　　28.00元

本色文丛·日记（于晓明主编）

《读博日记》　　　　　　张洪兴著　　31.00元

《问学日记》　　　　　　王先霈著　　26.00元

《文坛风云录》　　　　　胡世宗著　　29.00元

《原本是书生》　　　　　于晓明著　　32.00元

《紫骝斋日记》　　　　　马　斯著　　31.00元

《梦里潮音》　　　　　　鲁枢元著　　31.00元

《行旅纪闻》　　　　凌鼎年著　　35.00元

《微阅读》　　　　　朱晓剑著　　35.00元

《从神州到世界》　　张　炯著　　35.00元

《丹青寄语》　　　　崔自默著　　35.00元

《文坛边上》　　　　吴昕孺著　　35.00元

《书事快心录》　　　自　牧著　　35.00元

本色文丛·海外文化

《半岛之半：居韩一年散记》

　　　　　　　　　　许　结著　　30.00元

《西行漫笔：一个远足者的异国寻觅》

　　　　　　　　　　王兰仲著　　29.00元

《墨影书香哈佛缘》　郭英剑著　　30.00元